서술형 평가 ROAD VIEW

체육 · 예술영역

서술형 평가 문항 제작, 컨설팅 그리고 채점까지-

서술형 평가

ROAD
VIEW

체육·예술
영역

경홍수 · 서은경 · 정원교 · 신해승 · 이진희
류세진 · 김경호 · 박성만 · 김순호 · 김주환

서술형 평가 출제 · 채점의 고민 해결 ! 선생님들의 필독 지침서 !

도서
출판 박이정

Road View 구성 알아보기

"서술형 평가 Frequently Asked Questions"이란?

학교현장에서 서술형 평가와 관련하여 어려움을 호소하는 질문들을 모니터링하고, 교사들이 가장 어려워하는 부분에 대한 저자들의 직접적인 해설과 바람직한 해결방법 제시

"서술형 평가"란?

서술형 평가의 정의, 범주, 문항의 설계, 구조, 배점, 소요시간, 유형 등의 내용을 포함하며, 각 내용에 대해 사례를 제시함으로서 이해하기 쉽게 내용 구성

"서술형 평가 문항 제작과정"에 대하여

서술형 평가 문항의 내적 타당도와 신뢰도를 확보할 수 있도록 교육과정 분석부터 컨설팅까지 현장에 적용할 수 있도록 체계적인 평가 문항 제작과정의 절차 제시

"서술형 평가 문항 채점과정"에 대하여

채점의 어려움을 해결하고, 채점의 신뢰도를 확보할 수 있는 체계적이고, 합리적이며, 실제적인 채점과정 제시

"2009개정교육과정"에 대하여

2011년 중1, 고1에 적용되는 2009개정교육과정에서 교수-학습을 위해 꼭 알아야 할 필수학습요소 소개와 교육과정해설서를 바탕으로 평가요소를 분석하는 실전 노하우 소개

"예시문항 Over View"란?

서술형 평가를 실시함에 있어 현장에서 꼭 알아야할 주의점, 유의사항 등이
반영되어 제작된 예시문항에 대한 소개
- 예시문항의 특성(A형, B형)과 유형
- 문항제작 실전 Tip

"교과별 예시문항"의 구성

출제 경험의 노하우가 반영된 사례
중심의 내용으로 서술형 평가 문항
의 제작과 채점과정 중 핵심 단계들
을 안내하는 예시문항 형태이다.

가. 01~02문항(A형)

> **02**   [고] 매체의 확장

예시문항의 번호, 해당학년
(과목) 및 교육과정을 근간
으로 하는 평가요소 선정을
포함하고 있다.

평가요소

- 필수학습요소 중 특정요소(평가요소)를 선정한다.
- 평가요소는 문항의 내적 타당도와 직결된다는 점을 인식하고 평가 요소를 추출
  한다.

- (예시) "전통 미술과 현대 미술의 재료와 기법을 이해하고 발전시켜 표현하기"
  의 필수학습요소 중 차용기법을 이해하고 설명할 수 있는 능력을 평가요소로
  선정한다.

문항초안 작성

- 문제장면, 답안조건, 평가요소 설정
  문항제작의 가장 중요한 요소이다. 문제장면이 명확하지 않으면 학문적 오류가
  발생하고, 답안조건이 한정되지 않으면 학생반응의 자유도를 증가시켜 채점이
  어렵고, 평가요소가 불분명하면 다양한 인정답안이 발생할 수 있다.
- 기본답안 작성, 소요시간, 배(채)점 방법, 인정답안 범위 설정(반응사례) 등을
  작성·예측한다.

2. (나), (다)는 (가)를 차용하여 그린 그림이다. 다음 작품을 보고 물음에 답하시오.

◉

문제장면

(가)　　　　　　(나)　　　　　　(다)

◆

(1) 차용의 정의를 쓰시오. [2점]

　　　평가요소(1)　　　배점

(2) (다) 작품의 인물은 매우 뚱뚱한 모습을 하고 있다.

　　작가가 이렇게 표현한 이유에 대해 자신의 생각을 쓰시오. [4점]

　　　　답안조건　　　　　　평가요소(2)　　　배점

♨ 기본답안, 인정답안 범위 및 소요시간

■

문항		채점내용	소요시간
2-(1)	기본답안	• 차용은 다른 그림에서 형식과 소재를 빌려와 새로운 작품으로 만들어내는 기법을 의미한다.	2분
	인정답안	• '다른 그림에서 빌려 온다'는 의미가 들어가면 정답으로 인정	
2-(2)	기본답안	• 그림(다)의 작가는 여성의 모습을 뚱뚱하게 표현했는데, 이것은 요즘 사람들이 추구하는 미와는 달리 풍만한 여성도 아름다울 수 있다는 것을 보여주기 위해서 이렇게 그린 것 같다.	3분
	인정답안	• (다)를 뚱뚱하게 그린 이유를 나름대로 추론하여 타당하게 썼으면 정답으로 인정	

☻ 문항초안 (예시)

2. (나), (다)는 (가)를 차용하여 그린 그림이다. 다음 작품을 보고 물음에 답하시오.

문제장면

문항초안(미완성 문항)의 '문제장면(◉)'에 대한 컨설팅, 간전발문, 제시된 자료 등에 대한 검토 과정이다.

(가)   (나)   (다)

(1) 차용의 정의를 쓰시오. [2점]

평가요소(1)   배점

문항초안(미완성 문항)의 '평가요소(◆)'에 대한 컨설팅, '평가요소'의 문항타당도를 확보하기위한 문항 검토 과정이다.

(2) (다) 작품의 인물은 매우 뚱뚱한 모습을 하고 있다.

작가가 이렇게 표현한 이유에 대해 자신의 생각을 쓰시오. [4점]

답안조건   평가요소(2)   배점

☻ 기본답안, 인정답안 범위 및 소요시간

문항		채점내용	소요시간
2-(1)	기본답안	• 차용은 다른 그림에서 형식과 소재를 빌려와 새로운 작품으로 만들어내는 기법을 의미한다.	2분
	인정답안	• '다른 그림에서 빌려 온다'는 의미가 들어가면 정답으로 인정	
2-(2)	기본답안	• 그림(다)의 작가는 여성의 모습을 뚱뚱하게 표현했는데, 이것은 요즘 사람들이 추구하는 미와는 달리 풍만한 여성도 아름다울 수 있다는 것을 보여주기 위해서 이렇게 그린 것 같다.	3분
	인정답안	• (다)를 뚱뚱하게 그린 이유를 나름대로 추론하여 타당하게 썼으면 정답으로 인정	

문항초안(미완성 문항)의 '채점기준표(■)'에 대한 컨설팅, '기본답안, 인정답안, 소요시간'등이 타당한지 검토하는 과정이다.

최종문항 완성

2. (나), (다)작품은 원작인 (가)작품을 이용해 풍자와 해학적으로 표현했다. 현대
미술에서 이러한 미술기법의 명칭과 그 정의를 서술하시오. [5점]

(가)   (나)   (다)

명칭 : _____

정의 : _____

문항초안(미완성 문항)에
대한 컨설팅 과정 후 완성
된 문항, 컨설팅은 문항
제작과정에서 문항 타당
도와 신뢰도를 확보해 주
는 매우 중요한 과정으로
학문적 오류부터 오탈자
까지 면밀히 검토하여 문
항에서 발생할 수 있는 오
류들을 방지할 수 있다.

서술형 문항 채점기준표

문항		채점내용	소요시간
2	기본답안	• 패러디(차용) • 패러디는 '빌려 온다'는 의미로 작품에 등장한 형상이나 내용을 새롭게 변형시켜 또 다른 의미를 지닌 작품으로 재창조하는 제작 방법이다.	3분
	인정답안	• '패러디(차용)'와 '다른 그림에서 형식이나 형상을 빌려 와서 새로운 작품을 만든다'는 의미가 들어가면 정답으로 인정	

◈ 핵심Point : 패러디(차용)의 정의

'최종 문항'의
평가요소와 관
련하여 교사가
학생의 창의력
을 신장시킬 수
있는 방법을 구
상하는 것이다.

창의력평가 FOCUS

* 차용(借用)은 패러디(parody)와 같은 말이다.
패러디는 풍자나 희화화(戲畫化)를 위해 작가 또는 작품의 특징적인 스타일을 모방하는 문학 혹은 예술 활동을 말하지만 패러디한 작품은 단순한 모방에서 그치는 것이 아니고 전혀 새로운 의미의 작품으로 탄생한다. 최근에는 문학, 미술, 영화, 광고 등 다양한 패러디가 유행하고 있으며 창작유형의 하나로 자리매김하고 있다.
차용은 미술작품에서 다양하게 사용되고 있는데, 감상시간과 표현시간을 적절히 활용하여 실제 작품을 감상하고 또 제작해 보면 그 의미를 학생들이 더욱 잘 이해할 수 있을 것이다.
교과서에 많이 등장하고 있는 차용기법은 미술사에서 과거 명화를 인용하여 패러디하는 기법을 많이 사용했으나 최근 차용의 원리와 요소 자체가 작품의 본질을 이루는 경우가 많아지고 있다. 감상 시간을 이용해서 학생들에게 다양한 패러디 작품의 감상기회를 갖도록 하고, 표현시간을 이용해서 명화를 자신의 느낌과 생각으로 패러디 하도록 하면, 현대미술에 대한 학생들의 이해를 높일 수 있다. 또한 서술형 평가에서 차용된 작품에 대해 묻거나 새롭게 차용된 작품의 의미를 묻는 문항을 제작해 보면, 학생들의 현대작품에 대한 감상능력과 이해도를 평가해 볼 수 있을 것이다.

학생 반응사례 및 인정범위 설정

> ❧ 반응유형 사례 검토 협의
> - 기본답안 및 인정답안 범위를 추가로 확정
> ❧ 채점방법 협의
> - 공동채점과 개별채점
> - 전체채점과 분할채점

최종문항의 평가 종료 후, 학생 답안유형에 대해 교과 협의회를 거쳐 정답 인정 범위를 정하는 과정이다. 학생 답안은 예기치 못한 것들이 자주 발생하므로 반드시 교과 협의회를 통해 교육적 입장에서 인정범위를 설정하는 것이 바람직하다.

❧ **반응유형 사례**
- 패러디는 '빌려 온다'는 의미로 미술작품에 이미 등장한 형상을 재창조하는 제작 방법을 가리킨다.
- 패러디 기법은 기존에 있었던 다른 그림의 일부 형상을 빌려서 사용하여 새로운 작품을 만드는 제작방법이다.
- 패러디는 (가)의 모나리자와 같은 명화를 (나), (다)처럼 그 모양을 일부 따라 한 후 작가가 새롭게 자기 생각을 넣어 작품을 만드는 것을 말한다.
- 이 기법은 패러디인데, 패러디란 현대 미술에서 과거 유명작품의 인물이나 모습을 비슷하게 따라하는 것이다.
- 패러디 기법은 다른데서 표현된 것을 그대로 따라하지만 작가의 생각도 넣어서 새롭게 창조하는 것이다.
- 패러디는 이미 있는 그림의 어떤 부분을 모방하여 재창조하는 것이다.
- 패러디는 다른 그림에서 빌려 온다는 뜻
- 패러디이고 따라하는 것이다.

❧ **채점기준**

답안 인정	• '패러디(차용)'와 '다른 그림에서 형상이나 내용을 빌려 와서 새로운 작품을 만든다'는 의미가 들어가면 정답으로 인정
답안 불인정	• '모방', '똑같이 그리는 것'이라고 정의한 경우 • 명칭과 정의 중 한 가지만 맞은 경우

☻ 최종 채점기준표

문항	채점내용		배점	소요시간
2	기본답안	• 패러디(차용) • 패러디는 '빌려 온다'는 의미로 작품에 등장한 형상이나 내용을 새롭게 변형시켜 또 다른 의미를 지닌 작품으로 재창조하는 제작 방법이다.	5.0	3분
	인정답안	• '패러디(차용)'와 '다른 그림에서 형상이나 내용을 빌려 와서 새로운 작품을 만든다'는 의미가 들어가면 정답으로 인정 – 패러디는 다른 그림에서 형상이나 내용을 빌려온다는 뜻이다. – 차용은 자기가 따라하고 싶은 그림을 일부 빌려와서 따라하는 것이다. – 패러디는 이미 있는 그림의 어떤 부분을 모방하여 재창조하는 것이다. – 패러디는 기존에 있었던 유명한 그림의 일부를 고쳐서 새로 그리는 것이다.		

창의력학습 FOCUS

※ 참고도판 이해하기

마르셀 뒤샹(Marcel Duchamp, 1887~1968)의 「L. H. O. O. Q」

1919년 뒤샹은 파리의 길거리에서 〈모나리자〉가 인쇄된 씨구려 엽서를 구입했다. 그리고 거기에 검은 펜으로 수염을 그려 넣었고 아래에는 알파벳 대문자로 'L. H. O. O. Q'라고 적었다. 그 뜻은 정확히 알 수 없지만 프랑스어로 발음하면 'elle a chaud au cul (she has a hot ass)'가 되어 '그 여자의 엉덩이는 뜨겁다'는 말이 된다. 콧수염을 그려 넣은 것도 모자라 외설적인 농담까지 적어놓은 뒤샹의 의도는 무엇일까? 한낱 장난으로 치부할 수도 있는 이 사소한 행위가 현대 미술에 끼친 파급력은 결코 무시할 수 없다.

– 월간미술에서 참조

페르난도 보테로는 르네상스 거장들의 회화 작품들을 차용하여 자신만의 언어로 재해석해서 작품을 그리는 것으로 유명하다. 새롭게 재해석된 작품들에서 보이는 사람들의 모습은 하나같이 풍선처럼 오동통하고 뒤뚱거리는 귀여운 느낌을 주고 있으며, 모두 무표정과 부동자세 또는 정면을 향한 시선을 하고 있다. 이렇게 풍만하게 과장된 신체와 똑같은 표정을 가진 사람들을 통해서 독특한 조형 감각과 함께 현대 사회에 대한 풍자와 비판을 보여주려고 한 것이다. 그러나 그에게 "왜 뚱뚱한 사람을 그리느냐?"고 물어보면, 자신은 절대 뚱뚱한 사람을 그리는 것이 아니고 13세기 이탈리아 미술에서 강조한 볼륨과 형태의 중요성에 영감을 받아서 '인체의 볼륨'을 표현하려고 했던 것뿐이라고 대답했다고 한다.

※ 나도 패러디 작가!

'패러디', '차용'은 오늘날 미술에서 가장 많이 쓰이는 제작방법 중 하나이다. 다양한 명화를 가지고 재미있게 변형시킨 후 느낌을 이야기해보고, 미술관에 가서 패러디 된 작품들을 찾아 감상해 보면 현대미술의 기법을 더욱 다양하게 이해할 수 있을 것이다.

안 반 에이크
(Jan van Eyck 1395~1441)
「아르놀피니 부부의 결혼식」

페르난도 보테로
(Fernando Botero, 2006)
「반 아이크의 아르놀피니를 따라서」

미국 모 광고에서 패러디한 작품을 참조

나. 03~끝 문항(B형)

A형에서 소개된 각 단계가 간단하게 반영된 예시문항 형태이며, 다양한 유형의 서술형 평가 문항으로 구성되어 있다.

03 [중1] 화음 밖에 음 영역

예시문항의 번호, 해당과목, 교육과정을 근간으로 하는 평가요소 선정을 포함하고 있다.

평가요소

☞ '화음 밖에 음(비화성음)의 기능을 이해하고 설명할 수 있다'는 필수학습요소 중 악보에 나타난 화음 밖의 음을 평가요소로 선정한다.

예시문항

3. ①악보는 '화음 밖의 음(비화성음)' 사용 여부를 (가), (나)로 구분하여 나타낸 것이다. (나)에서 '화음 밖의 음'을 사용한 목적에 대해 〈조건〉을 모두 고려하여 서술하시오. [5점]

출제경험이 풍부한 교사들의 심도있는 검토를 통해 개발된 Road View 서술형 평가 문항

(x : 화음 밖의 음)

학생이 답안을 작성할 때 반드시 지켜야할 조건을 제시함으로써 답안의 개방성을 한정한다.

────〈조 건〉────
• ②가락을 기준으로 사용 의도를 서술할 것.
• '화음 밖의 음(비화성음)'의 효과와 대비할 것

문항 완성도 높이기

① '화음 밖의 음(비화성음)'의 이해를 높이기 위해 서로 대비되는 악보를 제시한다.

② '가락을 기준으로'라는 조건을 제시하여 개방적인 답안을 한정하였고, '화음 밖의
음(비화성음)'의 효과와 대비의 조건을 주어 답안 도출에 도움을 주었다.

학생 반응사례 및 채점기준

✎ 반응유형 사례

- 일정한 형태와 규칙을 지켜 자연스럽고 아름다운 가락을 만드는 음들을 말한다.
- 가락을 아름답게 표현하기 위해서이다.
- 가락을 단순하지 않게 하기 위해서이다.
- 가락을 재미있게 하기 위해서이다.
- 다르게 하기 위해
- 화음을 알맞게
- 리듬을 다양하게
- 화음 밖에 있는 음이다.

✎ 채점기준

답안인정

- 가락을 변화시킨다는 의미가 포함되는 답안을 정답으로 인정함
  - 일정한 형태와 규칙을 지켜 자연스럽고 아름다운 가락을 만드는
    음들을 말한다.
  - 가락을 아름답게 표현하기 위해서이다.
  - 가락을 단순하지 않게 하기 위해서이다.
  - 가락을 재미있게 하기 위해서이다.

답안 불인정

- 가락을 위주로 설명하지 않은 경우
  - 다르게 하기 위해
  - 화음을 알맞게
  - 리듬을 다양하게
  - 화음 밖에 있는 음이다.

문항	채점내용		소요시간
3	기본답안	• 일정한 형태와 규칙을 지켜 자연스럽고 아름다운 가락을 만드는 음들을 말한다.	3분
	인정답안	• 아름답게 표현, 재미있게, 다르게, 단순하지 않게 하기 위해서 등과 의미가 통하는 답안	

목 차

서술형 평가
Frequently Asked Questions

Q1. 단답형은 서술형 평가 문항인가요?

A. 아니요. 학생의 단순 기억력에 의존하여 고유명사나 일반명사 등의 단어, 혹은 몇 개 단어가 연속된 구의 형태로 문제를 해결, 값만 구하도록 설계된 문항은 서술형 평가 문항이라고 말할 수 없습니다. 따라서 서술형 평가 문항은 학생이 자신의 사고를 잘 드러낼 수 있도록 문항구성이 되어야 하므로 학생의 사고를 드러낼 수 없는 단답형은 서술형 평가 문항이 될 수 없습니다. 특히 체육·음악과 서술형 평가 문항의 경우, 학생이 자신의 사고를 잘 드러낼 수 있도록 문항구성이 되어야 하므로 학생의 사고를 드러낼 수 없는 단답형은 서술형 평가 문항이 될 수 없으며, 미술과 서술형 평가 문항의 경우, 미술에 대한 폭넓은 이해와 가치판단을 드러낼 수 있도록 문항구성이 되어야 합니다.

Q2. 체육 · 예술영역 서술형 평가 문항에는 어떤 유형이 있나요?

A. 문제장면에서 요구하는 응답 내용에 따라 원인과 결과, 주장과 근거, 적용사례, 가치판단, 감상평가 등 다양한 유형이 있습니다. 따라서 문제장면에서 요구하는 응답 내용에 따라 전제와 결론, 인과 관계, 현상과 추론, 주장과

근거, 예시와 일반화, 과정과 결과, 운동동작에 대한 이해, 경기규칙의 적용, 자료분석 및 해석, 결론도출 및 평가, 악보 그리기, 문제인식 및 가설설정, 악곡분석 및 해석, 결론도출, 주장과 근거, 적용사례, 가치판단, 감상능력 평가 등 다양한 유형이 있습니다.

Q3. 사고력을 측정할 수 있는 문항은 어떻게 만드나요?

A. 서술형 평가는 학생들이 이미 알고 있는 지식이나 정보를 활용하여 실생활에 미술이 구체적으로 적용되는 사례를 문제장면에 제시하여 미술의 감상자와 제작자의 입장에서 학생이 미적가치를 판단하여 서술할 수 있도록 문항 설계가 이루어지면 됩니다. 특히 미술과의 경우, 두 작품을 비교한다든지, 구체적인 예를 실생활에서 찾아본다든지, 보고서를 일부 직접 작성해 본다든지 하여 학생들의 창의적 문제해결 능력이 구체적이게 들어날 수 있도록 문항을 제시하는 것이 중요합니다. 그리고 체육과의 경우 '행동지시어'의 목적어가 중요합니다. 예를 들어, '배지기 공격으로 들렸을 때 수비하는 방법을 서술하시오.'처럼 행동지시어인 '서술하시오'의 목적어인 '수비하는 방법'을 분명히 문항에 제시하는 것이 중요합니다. 분명한 목적어가 나타난 행동지시어가 제시된 문항은 학생이 답안 작성 시 자신의 사고력을 답안의 주된 내용으로 구성하는데 도움이 됩니다.

Q4. 공동 출제자들의 평가요소 관점이 다를 경우는 어떻게 하나요?

A. 서술형 문항의 평가요소는 출제자들의 개인적 기준에 의해 설정되는 것이 아니고, 교육과정에 명시된 내용요소, 학습목표, 성취기준 등이 바탕이 되어야 합니다. 따라서 교육과정에 의거하여 평가요소를 선정하여야 하며 특정 내용, 단원 등에 치우치지 않도록 설정되어야 합니다. 또한 문항 검토 협의를 거쳐 서술형 평가 문항에 대한 검토 과정을 거쳐 특정 평가요소에 대한

공동의 관점을 수립하여야 합니다. 특정 평가요소에 대한 관점이 다르다면 그 문항은 '객관성'이 결핍된, 편파적인 문항으로 전락하게 됩니다.

Q5. 학생들의 답안 내용 예측은 어떻게 하나요?

A. 서술형 평가 문항 제작 전 목표이원분류표를 통해 답안의 내용 범위를 한정하고, 채점기준표를 작성할 때, 학생들에게서 나올 다양한 반응 등을 사전에 예측해야 하며, 출제자가 원하는 답안 내용이 실제 작성될 수 있도록 반응의 다양성을 점차 축소해 나가야 합니다. 채점 전에는 반드시 대표성을 띠는 집단의 답안지를 표집하여 가채점(시뮬레이션)을 실시하여 학생의 반응 유형을 사례별로 정리해 볼 수 있습니다. 가채점(시뮬레이션)을 통해 전체 집단의 답안 작성 내용을 유형화하여 예측해 볼 수 있으며, 예측된 결과를 바탕으로 교과협의회에서 채점기준표를 명확히 하거나, 수정 보완할 수 있습니다.

Q6. 학생들의 답안 반응폭을 어떻게 하면 줄일 수 있나요?

A. 문항이 모호하면, 즉 평가요소가 불명확하게 제시되면 학생은 어떻게 응답해야 할지 혼란을 초래하게 됩니다. 또한, 학생의 반응폭이 확장되고, 답안 내용도 다양해져 채점 과정에서 어려움을 겪을 가능성이 커집니다. 따라서 문항에서 요구하는 답안의 내용 영역을 명확히 규정하고, 제한해야 하며, 문항 구성 요소들을 잘 구조화시킬 필요가 있습니다. 반응의 자유도를 일정 부분 허용하되 답의 표현은 「이곳으로」라는 방향, 즉, "~ 과 관련하여 설명하시오", "~측면에서 작성하시오. ~조건에 맞게 서술하시오." 등으로 내용 범위를 한정하여 지시해 주는 문항이 되어야 합니다.

(예시) (가), (나)는 조선시대 전기, 후기의 대표적인 산수화이다. 〈조건〉을 고려하여 두 작품을 비교하시오. [5점]

(가) 안견 「몽유도원도」   (나) 정선 「금강전도」

─〈 조 건 〉─

• 그림 (가), (나)를 조선시대 전·후기 작품으로 구분할 것
• 미술사적 의의를 비교 서술하되 소재를 참고할 것

(예시) 악보는 '화음 밖의 음(비화성음)' 사용 여부를 (가), (나)로 구분하여 나타낸 것 이다. (나)에서 '화음 밖의 음'을 사용한 목적에 대해 〈조건〉을 고려하여 서술하 시오.

(가)

I

(나)

(x : 화음 밖의 음)

I

─〈 조 건 〉─

• 가락을 기준으로 사용 의도를 서술할 것
• '화음 밖의 음(비화성음)'의 효과와 대비할 것

Q7. 학생 답안 내용의 양, 맞춤법, 완전한 문장 구성, 언어 표현 능력 등은 평가요소에 포함되나요?

A. 서술형 평가는 개념 및 원리를 이해하고 이를 새로운 사태에 적용할 수 있는 능력 측정이 주목적이므로 특별하게 언어 관련(국어, 영어, 제2외국어 등)을 제외하고는 단순히 언어 표현 능력, 언어 구사 능력을 중심에 놓고 채점하는 것은 바람직하지 않습니다. 언어 표현 능력에는 개인적 편차가 있다는 점을 염두에 두고, 평가요소를 중심으로 채점하여야 합니다. 특히, 작성된 답안 내용의 양(글자 수)을 채점의 주요 변별점으로 설정하는 것은 바람직하지 않습니다. 그리고 "20자 이내로 작성하시오." 등의 표현보다는 학생이 작성해야할 답안지에 밑줄을 쳐줘 답안의 양을 형태적으로 통제하는 것도 고려해 볼 수 있습니다. 한편, 교과목의 특성에 맞게 학생들의 바른 언어습관을 위해 한글 맞춤법, 어문 규범 등을 채점기준표에 포함시키는 방안도 교과협의를 통해 상정해 볼 수 있습니다.

Q8. 학생 답안의 가지 수를 제한할 때는 어떻게 하나요?

A. "~~에 대해 ~개 이상 서술하시오"등의 진술은 학생이 작성해야 할 내용의 가지 수에 혼란을 유발하는 부정확한 표현입니다. ~개만 작성하는 학생도 있으며, ~개를 초과하여 작성하는 학생도 있고, 작성 내용 중에 일부는 정답이고 일부는 오답이 있을 수 있으므로 채점에도 어려움이 많습니다. 따라서 "~개만 작성하시오."라고 한정하고, 채점 과정에서는 지시한 ~개 까지만 채점한 뒤 나머지는 채점을 하지 않는 것이 바람직합니다.

(예시) 그림은 색입체의 수직 단면도를 나타낸 것이다.

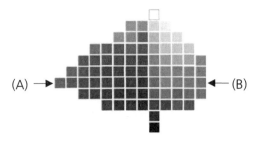

두 색상 (A), (B)의 대비현상이 적용된 사례를 생활 주변에서 찾아 <u>한 가지만</u> 쓰시오.
<u>(단, 대비현상의 명칭을 넣어서 쓸 것)</u>

(예시) 그림은 소프트볼경기에서 심판이 아웃 판정한 이유를 타자에게 설명하는 장면이다. 경기에서 타자가 아웃이 되는 상황을 두 가지만 쓰시오.

(예시) 다음 곡은 <u>금수현 작곡의 '그네'</u>이다. 물음에 답하시오.

위 곡을 통해 알 수 있는 음악적 요소를 분석하여 <u>세 가지만</u> 서술하시오.
<u>(단, 순서대로 3가지만 채점하고 4번째부터는 채점하지 않음)</u>

Q9. 학생 답안 중 정답 이외의 학문적 오류가 포함된 내용이 있는 경우는 어떻게 채점 하는 게 바람직한가요?

A. 인과관계가 분명한 과학이나 수학교과와는 달리 미술은 포괄적이고 수용적인 미학적 관점을 가지고 있기 때문에 애매모호한 경우가 많이 있습니다. 그러나 문제를 출제하는 출제자가 문제 속에 제한점을 두거나 자신의 주장을 정하고 그 주장을 뒷받침하는 내용을 서술하도록 문항을 출제하면 애매한 경우를 줄일 수 있으며 학생의 답안 내용 중 정답 이외의 학문적 오류가 포함되어 있다면 미술에 대한 학문적 지식이 부족한 것으로 간주해 오답으로 처리하는 것이 바람직합니다. 또한 체육은 운동동작과 효율성의 관계, 경기규칙의 정확성, 운동의 과학적 원리가 강조되는 것이 교과의 특성이므로 학생 답안 내용 중 정답 이외의 학문적 오류가 포함된 내용이 있다면 개념, 원리, 현상에 대한 이해력이 부족한 것이므로, 오답 처리하는 것이 바람직합니다.

Q10. 객관적인 채점기준은 어떻게 마련하나요?

A. 명확하고 객관적인 채점기준 설정은 서술형 평가 문항의 내적 완성도와 직결됩니다. 즉, 평가요소 선정의 타당성, 평가요소의 명확한 제시, 발문 표현의 정확성, 제시문이나 그림, 그래프 등과 발문 표현의 유기적 연관성에 의한 문항의 내적 완성도와 답안에 포함되어야 할 내용 조건, 답안의 표현 방법 등에 의해 채점기준이 명확하게 설정되는 것입니다. 이를 바탕으로 동교과 교사들과의 교과협의회, 채점 전 가채점(시뮬레이션) 등을 통해 채점기준표의 객관성을 확보할 수 있습니다.

Q11. 채점하기 곤란한 애매한 답안들은 어떻게 채점하나요?

A. 평가 문항의 완성도, 발문의 명확성, 객관적인 채점기준표등이 확보되어도

채점하기 곤란한 의외의 답안들이 나올 가능성이 있습니다. 당초에 설정한 채점기준에 포함되지는 않으나 답안 내용이 교과 내용상 일정 부분 타당성이 있을 경우에는 교과 협의회를 통해 집단적 사고를 수렴하는 것이 바람직합니다. 당초 설정한 채점기준에서 벗어난다고 해서 무조건 오답으로 처리하기보다는 교과 교육의 관점에서 접근하여 학생 답안의 정 · 오답을 구분짓는 것이 바람직합니다.

Q12. 채점자의 주관이 채점에 개입되는 것을 어떻게 최소할 수 있나요?

A. 채점기준표는 모든 답안 유형의 정 · 오답을 구분할 수 있도록 작성되어야 하며, 채점기준표에 명시되지 않은 내용에 대한 채점은 반드시 교과 협의회를 거쳐 채점이 이루어져만 객관성이 확보됩니다. 또한 채점자의 주관이 개입되는 것을 차단하기 위해서는 채점기준표에 없는 내용에 대해 점수를 부여할 경우, 반드시 교과 협의회에서 공동으로 논의하여 결정된 내용을 전제로 해야 합니다. 또한 학생의 이름을 보게 되는 경우 "후광효과"가 발생할 우려가 있으니, 학생 답안지의 성명, 번호 등을 볼 수 없도록 가리고 채점함으로써 차단해야 합니다.

Q13. 답안 길이가 너무 길면 채점하기에 어렵고, 그렇다고 글자 수로 제한하기에는 서술형 평가의 본질에서 벗어나는 것 같기도 합니다. 서술형 평가 문항의 답안 길이는 어느 정도가 적절한가요?

A. 일반적으로 서술형 평가 문항의 문항당 최소 소요 시간은 아래 표와 같습니다. (대학수학능력시험과 비교)

대대학수학능력시험 문항당 소요시간			서술형 평가 문항당 최소소요시간	
영역	소요시간		교과목	소요시간(안)
언어	1분 36초	⇨	국어	2분~3분
수리	3분 20초	⇨	수학	4분~5분
외국어	1분 15초	⇨	영어	2분~3분
사탐과탐직탐	1분 30초	⇨	사회,과학	2분~3분
			체육·예술	2분~4분

이때, 최소 소요 시간은 언어 표현 능력이 미흡한 학생이 답안을 기재하는 시간까지 포함된 것으로 평가자는 학생의 입장에서 직접 평가 문항을 읽고, 평가요소를 파악하여, 의도하는 정답을 답안카드, 답안지에 서술해 봄으로써 산정할 수 있습니다.

Q14. 체육·예술영역 서술형 평가 문항을 제작할 때 가장 유의해야 할 점은 무엇인가요?

A. 체육과 서술형 평가 문항을 통해 학생들은 자신의 아이디어를 체육학적 지식과 운동 원리를 모두 사용하여 조직한 후, 과학적인 운동동작 및 정확한 경기규칙, 효율적 운동 방법 등을 서술적 언어로 표현하여야 합니다. 따라서 단순한 지적 능력을 평가하기 보다는 교육과정의 학습내용에 알맞은 운동의 과학적 원리 및 방법, 경기규칙을 평가할 수 있어야 하며, 이에 대한 학생의 사고력을 평가할 수 있어야 합니다. 특히, 서술형 평가 문항에서 운동경기장 및 장비의 기본 규격이 답으로 제시된 경우는 학생의 사고력을 평가한다기 보다는 단답형에 가까우므로 지양해야 합니다. 또한 미술과는 도판을 제시할 때 교과서마다 다른 도판을 사용하고 있으므로 그림의 제목이나 작가의 이름을 묻는 문제는 지양하고 도판 속 작품에서 나타나는 원리와 방법 등을 묻도록 합니다. 도판을 제시할 때는 수업시간에 미리 한번 꼭 수업에서 보여주고 설명해 준 도판을 사용하도록 하며, 일선 학교 단위의 서술형 평가라면, 되도록 교과서에 있는 도판을 제시하는 것이 바람직합니다.

Q15. 체육 · 예술영역에서 서술형 평가를 꼭 실시해야만 할까요?

A. 체육 · 예술영역 교과에서도 서술형 평가는 필요하다는 의식은 있지만 교사들에게는 또 다른 업무로 느껴져 부담이 되고 있습니다. 그러나 서술형 평가는 반드시 필요한 부분이며 특히 학생들의 고등사고와 정확한 이해를 평가하기에 좋은 평가입니다. 체육 · 예술영역의 서술형 평가는 단기간의 전면적 시행보다는 수행평가를 통해 점진적으로 시작해보는 것도 좋을 것 같습니다.

Q16. 체육 · 예술영역 서술형 평가 문항을 통해 평가되어야 할 것은 무엇인가요?

A. 체육 · 예술영역 서술형 평가 문항을 통해서는 선다형 객관식 문항에서 평가할 수 없는 논리적, 분석적, 합리적, 종합적 사고 능력을 평가합니다. 특히 미술과에서는 미적체험' 영역에서는 시각현상에 대한 감수, 반응, 관찰력 등을 평가합니다. '표현' 영역에서는 재료와 용구의 활용력, 조형 요소와 원리의 적용력 등을 평가합니다. '감상' 영역에서는 미술작품에 대한 지식, 이해, 적용, 비평 능력을 평가합니다. 그리고 음악과에서는 기본 음악적 지식을 바탕으로 한 적용 능력, 실기 기술 및 감상 방법 등 전반적인 음악 영역에서 서술형 평가가 실시되어야 합니다.

Q17. 서술형 평가와 논술형 평가는 어떻게 다른가요?

A. 서술형 평가는 서술해야 하는 분량이 많지 않고, 질문에 대해 정확히 설명하는 글입니다. 따라서 평가 시 서술된 내용의 정확성과 깊이 그리고 제시된 정보의 다양성이 평가의 주요소인 반면, 논술형 평가는 일종의 서술형 평가이나, 자기 나름의 생각이나 주장을 다양한 지식과 함께 창의적이고 논리적으로 설득력 있게 조직하여 작성해야 하는 점에서 일반 서술형 평가와는 구별될 수 있습니다.

Q18. 체육·예술영역 서술형 평가 문항에는 어떤 유형이 있나요?

A. 서술형 평가 문항을 예로 든다면 문제 장면에서 요구하는 응답 내용에 따라 운동 동작의 효율성, 경기규칙의 정확성, 운동의 과학적 원리 등에 대한 실례 찾기, 자신의 의견쓰기, 요약하기, 비교 분석하기, 예를 들어 설명하기 등 다양한 유형이 있습니다.

(예시) 실례 찾기

다음은 스포츠 현대화의 유형을 네 가지로 구분하여 설명한 내용이다.

현대 사회의 발달된 과학 문명은 체육의 과학화와 대중화를 이루는 바탕이 되었으며, 또한 각국 사이의 활발한 교류로 체육의 국제화와 상업화를 가능하게 하였다.
- 생활화 : 어린이로부터 노인까지 평생 동안 즐기는 체육 활동이 확산되었다.
- 국제화 : 체육의 국제화는 세계인을 하나로 묶어 주는 역할을 하고 있다.
- 과학화 : 기록 단축을 위해 시설, 용구, 복장 등이 끊임없이 개량되고 있다.
- 상업화 : 체육의 상업화에 따라 관람을 목적으로 하는 스포츠가 성행하고 있다.

스포츠 현대화 중 '생활화'의 작성 예시를 참고하여 우리의 실생활에서 찾아볼 수 있는 국제화, 과학화, 상업화의 구체적 사례를 각각 제시하시오. [4점]

> ※ 작성 예시
> - **생활화** : 공원에서 할머니와 손자가 배드민턴을 치고 있다.

- 국제화 : _____

- 과학화 : _____

- 상업화 : _____

(예시) 자신의 의견쓰기

다음은 올림픽 출전을 위해 노력하고 있는 어느 선수에 관한 인터뷰 기사이다. 스포츠에 내재된 모든 경쟁에 대한 자신의 의견을 간략하게 서술하되, 이 기사에 나타난 경쟁 유형도 포함하시오. (5점)

> 의족 육상선수 오스카 피스토리우스(21, 남아공)가 2008베이징올림픽에 대한 꿈을 포기하지 않고 있다. 오스카는 2일(이하 한국시간) 이탈리아 밀라노에서 베이징올림픽 출전 자격을 얻기 위한 첫 번째 도전을 시작한다. 오스카는 전날 열린 기자회견에 넬슨 만델라의 '포기하지 않고 꿈꾸는 자가 승리한다(A winner is only a dreamer who hasn't given up)'이라는 문구'가 쓰여진 티셔츠를 입고 나타났다.
>
> 오스카는 "올림픽을 향한 꿈은 끝나지 않을 것"이라면서 "2012년에는 (올림픽 출전이) 더 현실적인 일이 되겠지만 베이징올림픽에 나갈 수 있도록 하고 싶다"는 포부를 밝혔다. 오스카는 6주전 스포츠중재재판소에서 베이징 올림픽 출전에 문제가 없다는 판결을 받고 다시 훈련을 시작했다. 당시 스포츠중재재판소는 오스카의 탄소 섬유 보철 다리가 불공평한 이점을 제공하기 때문에 올림픽에 출전할 수 없다는 국제육상경기연맹(IAAF)의 결정을 뒤집고 오스카의 올림픽 출전을 허락했다.
>
> 오스카가 올림픽에 출전하려면 400m를 45초55 이하로 돌파해내야 한다. 현재까지 그의 최고기록은 46초36이다. 육상에서 0.81초를 단축한다는 것은 쉬운 일이 아니지만 오스카는 "훈련도 잘 해냈고 올림픽 출전 자격을 얻을 수 있을 것이라고 생각 한다"며 자신감을 드러냈다.
>
> － ○○일보 －

위와 같은 자신과의 경쟁을 포함하여 스포츠에 내제되어 있는 모든 경쟁에 대해 간략하게 설명하시오.

(예시) 비교 분석하기

다음 (가), (나)는 높이뛰기에서 엎드려뛰기와 배면뛰기에 대한 설명이다. (다)의 단계에 맞게 (가), (나) 높이뛰기의 정확한 자세를 비교하시오. (4점)

(가) 엎드려뛰기는 구름발의 반대 다리를 수직으로 힘껏 차올린다. 이와 동시에 머리를 낮추어 바 위를 길게 감싸듯이 엎드린 자세를 취하고 바를 넘는 동작이다.

(나) 배면뛰기는 미국의 포스베리 선수가 1968년 최초로 시도한 동작으로 바를 등지고 누운 자세로 넘는다. 신체의 유연성을 이용한 자세의 변화를 통해, 같은 높이의 신체 중심에서 가장 효율적으로 바를 넘을 수 있으므로 현재 대부분의 선수들이 이 방법을 이용한다.

(다) 높이뛰기 단계 : 도움닫기 → 발구르기 → 공중자세 → 착지

(높이뛰기 단계는 도움닫기 → 발구르기 → 공중자세 → 착지이다.)

(예시) 비교 분석하기

악보는 바른마침의 종류를 구분하여 나타낸 것이다. (가), (나)의 차이점을 〈조건〉에 맞게 비교하시오.

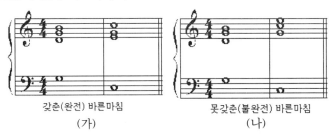

갖춘(완전) 바른마침
(가)

못갖춘(불완전) 바른마침
(나)

─────〈조 건〉─────
• 소프라노(Soprano)의 끝나는 음을 기준으로 서술할 것.

(예시) 예를 들어 설명하기

작품은 소재의 변화된 표현으로 원근감이 잘 나타난 풍경화이다.

카유보트 「파리, 비오는 날」

작품에 나타난 원근법에 대해 다음과 같이 표로 정리하여 분석하려고 할 때, (가)에 들어갈 알맞은 내용을 쓰시오.
(단, 작품에서 원근법이 적용된 소재를 예로 들어 설명할 것)

원근법의 명칭	원근감 표현 방법
색채원근법	가까운 곳의 인물은 진하게 채색하고 먼 곳의 인물은 연하게 채색하여 원근감을 표현하였다.
선(투시)원근법	(가) _____ _____ _____

Q19. 학생 답안 중 시험범위 이외의 체육 · 예술 내용으로 문제를 푼 내용이 있는 경우는 어떻게 채점하는 것이 바람직한가요?

A. 서술형 평가에서는 학생의 창의성도 중요시하기 때문에 학생의 답안에 있어서도 창의적인 답안이 많이 발견됩니다. 시험내용보다 높은 수준의 창의력으로 문제를 올바르게 푼 경우는 오류만 없다면 점수를 부여하는 것이 바람직합니다. 문제를 창의적으로 풀 수 있는 능력을 교육적 측면에서 인정해주는 것이 바람직합니다. 하지만, 이러한 답안을 채점할 때, 기존 채점기준에

해당되는 개념과 밀접하게 관련된 부분별로 점수를 부여하는 것도 하나의 방법입니다. 평가 후 학생이 새로운 인정답안을 제시한 경우에는 첫째, 호의적으로 경청을 해야 합니다. 경청한 결과 교사가 타당하다고 판단되면 둘째, 교과 협의회를 개최합니다. 교과 협의회에서 의견이 분분한 경우에는 외부 기관의 평가 전문가의 조언을 받아보고 교과 협의회에서 인정답안 여·부를 결정합니다. 인정답안이 결정되면 셋째, 최종적으로 학생에게 공포하고 교과 협의록을 제출하여 채점기준표를 정정합니다. 그러나 시험범위보다 높은 수준에서 체육·예술 지식으로 문제를 올바르게 푼 경우는 오류만 없다면 점수를 부여하는 것이 바람직하고 체육·예술 문제를 창의적으로 해결 할 수 있는 능력을 교육적 측면에서 인정해주는 것도 바람직합니다. 이러한 창의적 답안을 채점할 때, 기존 채점기준에 해당되는 개념과 밀접하게 관련된 내용은 부분별로 점수를 부여하는 것이 바람직합니다. 기술이 뛰어난 낚시꾼은 한 물고기만 잡아내는 기술을 가지고 있습니다. 바꾸어 말하면 우수한 출제자는 간결한 발문을 통해서 하나의 평가 요소만을 답지에 제출하게 합니다. ' ~를 ~의 조건에 맞게 서술하시오.', ' ~를 ~의 형식에 맞추어 서술하시오.'등은 명확한 발문의 좋은 서술형 문항이라고 할 수 있습니다. 하지만 좋지 못한 발문의 예를 들면, 다음과 같은 예시문항처럼 마인드 맵을 그려놓고 "(가)에 해당하는 종목을 쓰시오"라고 발문하면 마인드 맵 이기 때문에 어떠한 것도 답도 답이 될 수 있는 것입니다. 또는 "자신의 의견을 쓰시오," "자신의 생각을 쓰시오." 하는 등의 주관적 견해를 서술하는 것은 모두 답으로 인정해야 하는 것이므로 발문에서는 반드시 피해야 하는 문구입니다.

(예시) 적절하지 않은 발문의 예 1

다음은 체력운동을 분류한 마인드 맵이다. (가)에 해당하는 종목을 3개만 쓰시오.

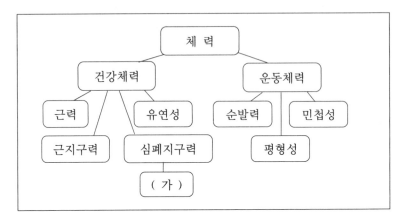

1. (가)에 해당하는 종목을 3개만 쓰시오.

(예시) 적절하지 않은 발문의 예 2

1. 체력운동에 대한 자신의 의견을 쓰시오.

(예시) 적절하지 않은 발문의 예 3

1. 높이뛰기 배면뛰기를 처음 시도한 사람의 이름을 쓰시오.

Q20. 교과협의 및 가채점을 통해 인정답안을 예측하였음에도 체육·예술영역에 오류 없이 작성된 새로운 인정답안이 있어서 점수를 부여하였습니다. 새로운 인정답안을 채점하는 기준은 무엇인가요?

A. 기존의 채점기준과 동일하게 하는 것이 원칙입니다. 이때, 기존 채점기준표에서 체육·예술 개념을 중심으로 세분화된 부분과 대응되는 인정답안의 부분에 부분점수를 부여하는 것이 바람직합니다. 또한 체육·예술영역 교과는 교과의 특성상 수행평가가 매우 중요한 부분을 차지하고 있습니다. 수행평가는 영역별 특성과 선택한 종목의 특성을 고려하여 가장 적합한 방법을

선택하여 과정과 함께 결과도 판별할 수 있는 경기 수행 능력 검사나 체크 리스트와 같은 도구를 사용할 수 있으며 이때, 경기 수행 능력 검사에서 서술형 평가 문항을 제작하여 수행 능력에 대한 구두 질문에 의한 구두 답안 진술이나, 지필 수행 검사에 의한 지필 답안 진술의 적용은 학생들의 창의력과 고등정신능력을 산출해 낼 수 있는 진보한 수행평가가 될 것입니다. 그러므로 서술형 평가의 적용은 정기고사가 아닌 수행평가에서 먼저 시작해야 할 것입니다.

서술형 평가란?

서술형 평가의 정의와 범주

서술형 평가는 수험생이 축적한 지식의 양과 습득 지식을 기억하여 인출하는 능력을 측정하는 평가, 즉 수렴적 사고 능력을 측정하는 평가 유형이 아니다. 서술형 평가는 수험생이 알고 있는 정보나 지식 등을 활용하여 평가자가 설정한 문제 장면에 대해 논리적으로 분석, 설명, 해석하거나, 창의적으로 문제를 해결할 수 있는 능력을 측정하는 평가 유형이다.

2009년 개정교육과정에서는 교과의 평가는 선택형 평가보다는, 서술형이나 논술형 평가, 그리고 수행 평가의 비중을 늘려서 교과별 특성에 적합한 평가를 실시하도록[1] 학교의 평가활동을 규정하고 있다.

서술형 평가를 강조하는 교육사회적 현실 상황에서 일견 서술형 평가를 단답형 평가로 오해하는 경우도 있을 수 있다. 그러나 수험생의 단순 기억력에 의존하여 고유명사나 일반명사 등의 단어, 혹은 몇 개 단어가 연속된 구의 형태로 문제를 해결하도록 설계된 문항은 엄밀한 의미에서 서술형 평가라고 할 수 없다. 단답형 문항은 평가자가 설정한 정답의 범위가 고정적, 폐쇄적 형태를 지닌다는 점에서 일정한 개수의 답지로 수험생의 반응을 제한하는 선택형 문항의 변형에 불과하다.

따라서 학교 현장에서 출제와 채점의 용이성, 편의성을 위해 단답형의 문항을

---

1) 「초·중등학교 교육과정 총론」 교육과학기술부 고시 제2009-41호 22쪽

출제하는 것은 서술형 평가 도입의 본래 취지와는 부합되지 않는다. 서술형 평가는 현대사회의 변화에 따른 기존의 암기식, 주입식 위주의 학교수업 방법을 개선하는 한편, 다양한 문제 상황에 능동적으로 대응하고, 새로운 방식으로 문제를 해결하는 능력을 갖춘 인재를 육성하기 위한 목적에서 도입된 것이다. 이와 같은 취지에서 단답형 평가 문항을 '서술형 평가 문항'에 포함된다고 강변하는 것은 교육사회적 요구와는 상충된다.

단답형 평가가 수험생에게 문제 해결의 결과만을 요구하는 평가라면 서술형 평가는 문제 해결을 위한 사고의 과정과 결과를 모두 중시한다. 서술형 평가 문항으로 인정할 수 있는 범주는 문제 장면에서 요구하는 응답 내용이 전제와 결론, 인과 관계, 현상과 추론, 주장과 근거, 예시와 일반화, 과정과 결과 등의 통합적 사고 작용을 측정할 수 있는 문항으로 한정된다. 따라서 서술형 평가 문항의 답안은 단어나 구의 형태가 아니라 사고의 과정이 드러날 수 있는 최소 1개 이상의 언어(기호, 수식 포함)적인 문장(혹은 단락)으로 수험생의 문제 해결의 과정을 표현하도록 설계되는 것이 바람직하다.

그러면 서술형 평가를 어떻게 시행해야 할 것인가? 학교교육의 학교 현장에서는 선택형 문항과 서술형 문항을 병행 출제해야 하고, 교육과정상 주어진 시간 내에 수험생이 문제를 해결하도록 설계해야 하는 제약이 있다. 또한 서술형 평가 문항의 답안 작성 내용이 1개의 단락 이상의 문장 표현을 요구할 경우에는 OMR 답안카드 외에 서술형 문항 답안 기재용 보조답안지까지 별도로 준비해야 하는 어려움이 따른다.

서술형 평가를 어떠한 방식으로 시행하는 것이 효율적인지에 대한 절대적 기준은 없다. 그러나 학교 현장에서 중간고사, 기말고사 등의 총괄평가의 일환으로 서술형 평가를 실시해야 할 경우에는 과목당 시험 시간, 교과목의 특성, 전체 문항의 수, 성적 처리 기간 등의 외적 조건과 평가자와 수험생, 채점자 등의 내적 조건 등의 조건을 고루 고려하는 것이 바람직할 것으로 판단된다.

서술형 평가에 대한 몇 가지 오해

1. 서술형 평가 문항은 단답형 문항을 포함한다?

단답형 문항은 단순지식의 양과 암기능력을 측정하며, 수험생의 반응범위가 제한한다는 측면에서 서술형 평가 문항에 포함되지 않는다.

2. 서술형 평가는 채점자의 주관이 개입된다?

사전에 채점기준을 수립하고, 채점 전 시뮬레이션을 통해 수험생의 실제 반응유형에 따라 기본답안과 인정답안 범위를 조정하므로 주관이 개입되지 않는다.

3. 서술형 평가는 채점하기가 매우 어렵다?

평가자가 의도한 평가목표를 효율적으로 측정하기 위하여 서술형 평가 답안의 채점기준을 명확히 설정해야 한다. 채점기준과 시뮬레이션 사례를 통해 정오답범위가 명확하게 나타나므로 채점 자체가 어렵다고 할 수는 없다.

4. 서술형 평가는 객관성을 확보하기 어렵다?

서술형 평가는 채점기준에 의거하여 채점을 실시하기 전 시뮬레이션을 통해 채점기준에 대해 명확히 인식하고, 채점자 간 채점 사례를 공유하는 과정을 통해 충분히 객관성을 확보할 수 있다.

5. 서술형 평가는 글쓰기 능력이 탁월한 학생에게만 유리하다?

서술형 평가는 해당 교과목에서 요구하는 기본적인 학습 능력을 바탕으로 평가자가 설정한 문제 상황에 대한 해결을 요구하는 평가이다. 즉 개념 및 원리를 이해하고 이를 새로운 사태에 적용할 수 있는 능력 측정이 주목적이므로 단순히 언어 표현 능력이 뛰어난 학생에게만 유리하도록 시행되지 않아야 한다.

선택형 문항과 서술형 문항의 비교

서술형 평가는 선택형 평가에 비해 수험생이 성취 수준을 정확하게 측정할 수 있는 평가 유형이다. 서술형 평가는 교육목표에 비추어 볼 때 평가의 효율성, 타당성, 정확성, 논리성을 지닌다. 평가문항은 수험생의 반응 양식을 기준으로 선택형과 서술형으로 구분되는데, 그 특징을 대비하면 다음과 같다.

구 분	선택형	서술형
평가 요소	단일한 평가 요소	1개, 또는 1개 이상
반응 특성	폐쇄적 반응	개방적 반응
해결 방법	주어진 답지 중 정답 선택	답안내용을 조건에 맞게 직접 작성
해결 시간	짧음	선택형에 비해 긴 시간 소요
반응 범위	제한	무제한
사고 작용	수렴적 사고에 의존	확산적 사고 필요
측정 요소	지식의 양	사고력, 이해력
정답 범위	설정 답지 중 반드시 포함	정답 내용이 문항에 미포함
반응 변인	정답 반응에 우연성 개입 가능	정답 작성에 우연성 개입 희박
학습력 변별	우연성 개입으로 변별 곤란	변별에 용이
출제 시간	시간 소요(답지 작성 등)	선택형에 비해 시간 단축
채점 시간	채점 시간 단축	채점 시간 소요
사용 성격	총괄평가, 형성평가에 사용	총괄평가, 형성평가, 수행평가에 사용
사용 범위	서열화, 선발시험에 많이 사용	문제해결력, 사고력 측정에 사용

서술형 평가 문항의 설계(시간, 문항 개수, 배점)

1. 서술형 평가 시행의 근본 취지를 고려하여 내용타당도가 높은 문항을 설계하도록 하되, 단순 지식의 양, 암기 능력, 단기적 기억능력을 측정하는 문항으로 변질되지 않도록 각별히 유의한다.

2. 서술형 평가 문항 설계 시 수험생의 인지 발달 및 능력 수준을 고려하여 수험생의 특성에 맞게 서술형 평가 문항의 세부 형식과 내용을 조절해야 한다.

3. 서술형 평가 문항 제작 시 문항곤란도가 과도하게 높거나 낮은 문항은 가급적 배제하되, 출제자가 예측하는 곤란도와 수험생의 실제 체감 곤란도의 차이를 고려하여 문항곤란도를 조정한다.

4. 대체로 단어나 짧은 구를 써넣도록 요구하는 문항 형태인 완성형이나 단구적 단답형 등의 문항은 단편적 지식이나 사실을 측정하는 데에 그칠 가능성이 많으므로 서술형 평가 문항 제작시 단답형 문항제작은 지양해야 한다. (단, 문제풀이의 과정과 답 등 양자를 모두 요구하는 평가문항의 경우에는 예외로 한다.)

[단답형 문항] 다음의 전통음악곡 명칭을 쓰시오. [5점]

> 이 악곡은 일명 무령지곡 또는 구군악이라고도 하며, 나발, 나각, 태평소 등의 관악기와 자바라, 징, 용고 같은 타악기로 편성된다. 시작할 때 집사가 '명금일하 *** 연주 하랍신다'라는 말을 한 후 연주가 시작된다.

↓

[서술형 문항1] 다음은 전통음악 연주장면에 관한 자료이다.

- 일명 무령지곡 또는 구군악이라고도 한다.
- 나발, 나각, 태평소 등의 관악기와 자바라, 징, 용고 같은 타악기로 편성된다.
- 시작할 때 집사가 '명금일하 *** 연주 하랍신다'라는 말을 한 후 연주가 시작된다.

위 기악곡의 연주목적을 서술하되, 명칭을 포함하시오. [5점]

---

5. 서술형 평가 문항은 평가자가 제시한 정보(그림, 그래프, 제시문 등)를 바탕으로 응답자가 이해, 비판, 분석, 추론, 자료 해석, 종합 등의 정신 기능을 활용하여 내용을 생성·조직할 수 있도록 제작한다.

[서술형 문항2] 다음의 멀리뛰기 기록 계측 방법을 바탕으로 멀리뛰기 거리를 측정하고자 한다. 발 구름판과 착지점에 맞게 측정해야 할 거리를 그림에 표시하되, 〈조건〉을 모두 고려하시오. (4점)

> 멀리뛰기 기록계측은 구름판에서 가장 가까운 착지점(신체의 착지점)까지의 직선거리를 계측하는 것이 원칙이다.

〈 조 건 〉

- 선은 정확한 직선으로 그릴 것
- 직각 표시 부분에 반드시 직각을 표시할 것
- 시작점과 끝지점에 점(●)을 찍어 명확히 나타낼 것
- 선과 직각 표시는 명확히 드러나도록 진하게 그릴 것

6. 서술형 평가 문항은 제한된 시간에 해결된 문제의 '양'을 측정하는 속도검사(speed test)가 아니라 문제 해결의 과정, 해결된 문제의 '질'을 측정하는 역량검사(power test)를 지향한다.

[서술형 문항3] 표는 동일한 4명의 학생들이 실시한 100m 달리기 4회 합계 기록과 400m 이어달리기의 기록을 대비하여 나타낸 것이다.

학생명	100m 달리기 기록	400m 이어달리기 기록 (100m 구간별 기록임)
남△△	13.00 초	13.00 초
강□□	12.50 초	12.25 초
김◇◇	13.50 초	13.25 초
박○○	13.00 초	12.75 초
합계	(가) 52.00 초	(나) 51.25 초

(가) 기록보다 (나) 기록이 더 **좋은** 이유를 쓰되, 〈조건〉에 모두 맞게 설명하시오.
(단, 학생들의 피로도, 당일 풍속 등 모든 조건이 동일한 상태임) [6점]

───────〈 조 건 〉───────

• 뉴턴의 운동 법칙 중에서 (가), (나)의 기록 차이에 가장 크게 영향을 미치는 한 가지 법칙만을 포함할 것
• 두 경기의 기록에 차이가 나는 주요인을 운동 법칙의 내용과 연관지어 설명할 것
• '(뉴턴의) ☐☐☐☐☐ 법칙 때문에 (나)가 빠르다.'라는 유형의 설명은 정답으로 불인정함

7. 서술형 평가는 평가자가 측정하고자 하는 평가 목표인 행동과 내용 요소를 중심으로 설계되어야 하며, 단지 언어적 표현 능력[2]이 뛰어난 수험생에게만 유리하게 제작되어서는 안 된다. (단, 언어적 표현 능력을 측정하는 교과목의 경우는 예외로 한다.)

8. 서술형 평가 문항을 해결하는 데 소요되는 시간은 한정된 개수의 답지 가운데 하나를 고르게 하는 선택형평가 문항보다는 다소 길게 안배하되, 문항곤란도와 문항의 개수, 교과목 특성, 기본답안의 길이 등을 고려하여 설정한다.

─────────────

[2] 서술형 평가 문항을 설계할 때에는 수험생의 언어 표현 능력의 편차를 고려하여야 한다. 해당 평가요소에 대한 충분한 학습과 이해 없이도 일부 어휘를 조합하여 정답에 가까운 내용을 서술할 수 있는 서술형 평가는 지양하는 것이 바람직하다. 제작된 문항에 대한 최종 검토 단계에서는 표현 기술이 탁월한 특정 수험생에게만 유리한 문항이 있는지의 여부를 면밀하게 살펴 보완하여야 한다.

서술형 평가 문항의 문항당 최소 소요 시간을 타교과 문항당 소요시간[3]과 대비하여 나타내면 다음과 같다.

대학수학능력시험시험 문항당 소요시간		서술형 평가 문항당 최소소요시간	
영역	소요시간	교과목	소요시간(안)
언어	1분 36초 ⇨	국어	2분~3분
수리	3분 20초 ⇨	수학	4분~5분
외국어	1분 15초 ⇨	영어	2분~3분
사탐과탐직탐	1분 30초 ⇨	사회,과학	2분~3분
		예술·체육	2분~4분

이때, 최소소요시간의 산정 기준은 문장이나 기호로 표현하라고 요구했을 때, 언어 표현 능력이 미흡한 수험생을 기준으로 산정하는 것이 바람직하다.

9. 서술형 평가 문항의 개수는 해당 교과목 지필평가의 총배점과 서술형 평가 문항의 배점, 학교급·과목별 시험시간, 문제해결 소요시간 등을 고려하여 해당 교과의 출제협의를 거쳐 결정한다.

일반적으로 지필평가의 총배점(100점 기준)에 따른 서술형 평가 문항의 개수와 배점을 제시하면 다음과 같다.

서술형 배점	문항 개수	문항당 배점	비고
20점 배점시	3문항~4문항	4점~7점	
30점 배점시	4문항~5문항	5점~8점	
40점 배점시	5문항~6문항	6점~8점	
50점 배점시	6문항~8문항	7점~10점	

사례1 : A고등학교 1학년 체육 교과목을 담당하는 김서술 교사는 기말고사 출제 시 선택형평가 문항 20개 문항 총배점 80점을 문항 곤란도에 따라 소수점으로 차등 배점하고, 서술형 평가 문항을 3개 문항 총배점 20점 등 총 23개 문항 총배점 100점으로 교내 지필평가 문항출제 계획을 수립하여 출제하였다.

---

3) 문제 해결에 소요되는 최소시간을 산출하기 위해서는 평가자가 수험생의 입장에서 직접 평가 문항을 읽고, 읽은 뒤 평가요소를 파악하고, 평가자가 의도하는 정답 서술의 방법과 내용 등에 대해 직접 정답을 답안카드, 답안지에 서술하는 시간 등을 종합적으로 산정해 보는 과정이 필요하다.

사례2 : B고등학교 1학년 음악 교과목을 담당하는 이서술 교사는 기말고사 출제 시 선택형평가 문항 20개 문항 총배점 70점을 문항 곤란도에 따라 소수점으로 차등 배점하고, 서술형 평가 문항 5문항 총배점 30점 등 총 25개 문항 총배점 100점으로 교내 지필평가 문항출제 계획을 수립하여 출제하였다.

사례3 : A고등학교 1학년 미술 교과목을 담당하는 박서술 교사는 기말고사 출제 시 선택형평가 문항 10개 문항 총배점 60점을 문항곤란도에 따라 소숫점으로 차등 배점하고, 서술형 평가 문항 6문항 총배점 40점 등 총 16개 문항 총배점 100점으로 교내 지필평가 문항출제 계획을 수립하여 출제하였다.

10. 서술형 평가 문항의 문항번호는 선택형평가 문항번호와 달리 별도로 부여하여 수험생이 쉽게 식별하도록 한다.

  예 [서술형 문항 1], [서술형 문항 2], [서술형 문항 3]......

11. 상위의 서술형 평가 문항에 종속된 2개 이상의 하위문항을 출제하는 경우, 하위문항의 번호와 배점을 구분·제시하여 수험생이 응답해야 할 하위문항의 개수를 분명하게 인식하도록 한다.

  예 (1), (2)

[서술형 문항4] 도자기를 만들기 위한 작품제작 계획서의 일부이다.

작품 제작 계획서

3학년 ○반 ○ ○ ○

단원명	도자공예
작품 주제	화병 만들기
준비물	점토, 유약
제작 과정	- 빚어서 형태 만들기 - (가) 그늘에서 말리기 - 초벌구이 - 그림 그리기 - (나) 유약 바르기 - 재벌구이

(1) (가)의 이유를 쓰시오. [2점]
(2) (나)의 과정을 거침으로써 작품에 나타나는 직접적인 효과를 쓰시오. [2점]

---

12. 서술형 평가 문항의 발문에는 1개 이상의 평가요소를 제시할 수 있으나, 복수의 평가 요소를 제시할 경우 각각의 평가요소들은 의미의 계열이나 층위상 서로 연관성이 있어야 한다.

13. 1개의 서술형 평가 문항을 2개 이상의 하위 문항으로 구분하여 제시하는 경우 수험생의 문제 해결 소요 시간에 유의하여 하위문항의 개수, 혹은 평가요소의 개수를 조절한다.

[서술형 문항5] 그림은 소프트볼 공격법에 대한 노트의 일부가 지워진 것이다. 물음에 답하시오.

(1) 스퀴즈 플레이를 실시하는 목적을 설명하시오. [2점]
(2) 스퀴즈 플레이(squeeze play)의 실시 상황을 〈조건〉에 맞추어 설명하시오. [2점]

─────〈 조 건 〉─────
• 주자의 위치와 행동을 설명에 포함할 것
• 타자의 행동을 설명에 포함할 것

---

14. 1개의 서술형 평가 문항에서 수험생이 응답해야 할 답안의 개수가 복수 이상이거나, 응답을 요구하는 답안 항목이 동일 범주에 있는 경우에는 별도의 하위문항으로 구분하지 않는다.

[서술형 문항6] 다음은 김동진 곡 '동무생각'의 일부분이다. 온음표를 사용하여 조표와 으뜸음을 낮은음자리표 악보에 그리시오. [3점]

[서술형 문항7] 위 곡의 A와 B음을 리코더 운지법에 맞게 검게 표기하시오. [4점]

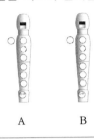

A   B

15. 서술형 평가 문항의 배점은 문항곤란도와 답안의 길이 등을 고려하여 차등 배점하되, 선택형평가 문항의 개별문항 배점보다는 다소 높게 배점하는 것을 원칙으로 한다.

[서술형 문항8] 그림과 같이 판화 작품에서 넘버링(numbering)을 할 때, 왼쪽 하단 (가) 부분에 'A.P'라고 사인했을 때의 의미를 쓰시오. [3점]

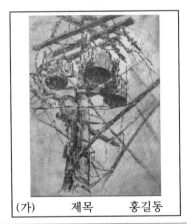

(가)   제목   홍길동

[서술형 문항9] 그림은 현대추상화의 두 가지 경향을 나타낸 것이다. (가)에 대비했을 때, (나)작품의 기법상 특징을 조건에 맞추어 서술하시오. [5점]

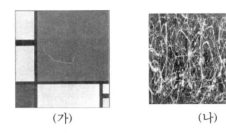

(가)   (나)

─────────────〈조 건〉─────────────
• 작품의 표현의도와 제작기법을 관련지어 서술할 것
• 추상표현주의의 기법에 한정하여 서술할 것

16. 상대적으로 문항곤란도가 낮은 특정 서술형 평가 문항의 배점을 문항곤란도가 높은 서술형 평가 문항의 배점보다 높게 배점(역배점)하지 않도록 유의한다.

17. 서술형 평가 문항은 해당 교육과정을 충실하게 학습한 수험생이면 무난히 문제를 해결할 수 있는 적절한 수준으로 곤란도를 조절하여 문항을 제작한다.

18. 서술형 평가 문항 제작 시 해당 교육과정 내용 학습을 바탕으로 제시된 문제 장면에 대한 분석적 사고, 종합적 사고, 비판적 사고, 창의적 사고, 사고결과를 조건에 맞게 표현하는 능력 등을 측정할 수 있도록 문항을 설계한다.

19. 출제자는 학생들이 문제 장면에 대한 학생의 흥미를 유발하고 문항 접근도를 높일 수 있도록 다양한 문제장면을 설정한다.

[서술형 문항10] 그림은 배드민턴 경기 중계방송의 일부 장면이다.

순간, A선수가 백바운더리 라인에서 셔틀콕의 속도에 변화를 주어 네트와 상대코트 앞쪽 서비스라인 사이에 짧게 떨어뜨렸습니다.

하지만, B선수도 재빨리 뛰어가 넘어온 셔틀콕을 네트에 붙여 상대편 코트의 앞쪽에 짧게 넘겼군요.

중계방송 내용 중 밑줄 친 부분에 해당하는 셔틀콕의 비행궤도를 아래 경기장 그림에 화살표로 나타내시오. (화살표 아래에 배드민턴 기술 명칭도 함께 표기할 것)
[6점]

선수 A   네트   선수 B

20. 서술형 평가 문항 제작시 일상생활 주변에서 쉽게 발견할 수 있는 다양한 소재, 예를 들면 기사문, 그림, 그래프, 표, 제시문 등을 문항 구성 요소로 고루 활용한다.

21. 출제자가 원래 측정하고자 하는 평가 목표와 내용이 구체적인 행동과 내용으로 수험생이 반응할 수 있도록 문제 장면을 설정한다.

22. 서술형 평가 문항에 대한 채점의 공정성, 객관성, 일관성 확보를 염두에 두되, 단지 채점자의 편의를 우선하여 단순 지식 측정 위주로 문항을 제작하지 않도록 유의한다.

[서술형 문항11] 허리둘레 120cm, 엉덩이 둘레 100cm의 신체 조건을 지닌 학생이 복부 비만을 줄이기 위한 운동 종목을 선택하고자 한다. 이때, 고려해야 할 사항을 〈조건〉에 모두 맞게 서술하시오. [4점]

───────────〈 조 건 〉───────────

- 선택할 운동 종목의 운동 강도를 '고, 중, 저'로 제시할 것
- 운동 지속 시간은 '장, 단'으로 제시할 것

서술형 평가 문항의 구조

평가문항의 핵심은 평가자가 측정하고자 하는 내용, 즉 평가 요소이다. 평가요소를 타당하게 선정하여 명확하게 제시해야만 평가자가 의도하는 목표를 달성할 수 있다. 특히 서술형 평가에서는 명확하게 평가요소를 한정하여 제시하여야 한다.

서술형 평가 문항의 구조는 기본 구조와 확장 구조로 간략하게 구분하여 살펴볼 수 있다.

1. 서술형 평가 문항의 기본 구조

서술형 평가 문항의 구조는 평가요소와 반응 지시어, 배점 등으로 간략하게 나타낼 수 있다. 평가요소는 수험생이 응답하기를 요구하는 내용 요소이며, 반응 지시어[4]는 수험생이 문제를 해결한 결과를 어떤 형태로 작성해야 하는지를 지시하는 일종의 형식 요소라고 할 수 있다. 그리고 배점은 해당 문항을 해결했을 때 취득할 수 있는 점수이다.

평가 요소 + 반응 지시어 + 배점

───────────────

2) 서술형 평가 문항을 작성할 때 사용할 수 있는 반응 지시어로는 설명(說明), 서술(敍述), 기술(記述), 해석(解析), 분석(分析), 추론(推論), 추리(推理), 비판(批判), 요약(要約) : 말이나 글의 요점을 잡아서 간추림. 종합(綜合), 비교(比較), 대조(對照), 유추(類推), 논증(論證) 등이 있다.

[서술형 문항12] 다음 조성의 조표와 으뜸음을 낮은음자리표를 사용하여 오선지에 그리시오. [4점]

2. 서술형 평가 문항의 확장 구조

서술형 평가 문항은 평가요소, 반응지시어, 배점 등의 기본 구조에 조건 첨부, 자료(제시문, 그림, 그래프, 표 등) 제시 등으로 형태가 확장된다.

가. 〈조건〉 첨가

기본 구조에 별도로 〈조건〉이 첨가된 구조로서 기본 구조의 평이성을 보완하는 장점이 있다. 〈조건〉에는 답안에 반드시 포함되어야 하는 내용 요소와 작성 방법, 형태 등의 형식 요소가 제시되는 것이 바람직하다.

평가 요소 + 반응 지시어 + 조건 + 배점

[서술형 문항13] 허리둘레 120㎝, 엉덩이 둘레 100㎝의 신체 조건을 지닌 학생이 복부 비만을 줄이기 위한 운동 종목을 선택하고자 한다. 이때, 고려해야 할 사항을 〈조건〉에 모두 맞게 서술하시오. [8점]

────〈 조 건 〉────
- 복부 비만도 계산 값을 포함할 것
- 선택할 운동 종목의 주된 신체 에너지 동원 시스템을 제시할 것
- 선택할 운동 종목의 운동 강도를 '고, 중, 저'로, 운동 지속 시간을 '장, 단'으로 제시할 것

나. 〈자료〉 첨가

기본 구조에 자료가 첨가된 형태로서 평가자가 설정한 문제장면을 구체화하는 기능을 지닌다. 문항 구성 과정에서 제시문이나 그래프, 그림, 표, 지도 등의 자료를 활용함으로써 복합적인 사고 능력을 측정할 수 있는 장점이 있다. 수험생은

자료에 대한 식별과 이해 과정이 선행되어야만 평가요소에 접근하여 반응할 수 있다.

제시 자료는 문항당 해결 시간을 고려하여 문제 해결에 반드시 필요한 자료만 정제하여 제시하여야 한다. 문제 해결에 불필요한 자료를 과다하게 제시하면 수험생은 자료 해독에 과도한 시간을 소요하게 된다. 과다한 자료 제시는 평가의 신뢰도를 저하시키는 요인이 될 수 있으므로 검토 과정에서 문제 해결에 직접적으로 필요한 자료만 선별하여 제시하는 것이 바람직하다.

자료+평가 요소+반응 지시어+조건+기타

[서술형 문항14] 다음은 A, B, C 선수가 골프 경기에서 기록한 마지막 4라운드 경기 결과의 일부이다.

홀	거리	기준 타	선수 A	선수 B	선수 C
16	215	3	더블보기	버디	더블보기
17	505	5	이글	파	더블보기
18	420	4	파	버디	더블보기

골프 경기에 필요한 심리 기술을 〈조건〉을 모두 참고하여 2가지만 추론하시오. (단, 세 번째 답안부터는 채점하지 않음) [6점]

< 조 건 >

• 1~4라운드 15번 홀까지 합계 결과, 선수 C는 선수 A, B에게 각각 1타차로 앞서 있음
• 경기 종료 후 선수 C의 인터뷰 중 일부 내용임
  "오늘 경기는 막판에 우승을 해야 한다는 심적 부담이 너무 컸습니다."

서술형 평가 문항의 유형

1. 조건 제시 방법에 따른 유형

서술형 평가 문항의 유형은 조건을 제시하는 방법에 따라 조건통합형과 조건

분리형으로 구분할 수 있다.

▶ 조건 통합형

조건 통합형은 수험생이 문제를 해결하여 답안을 작성하는 과정에서 고려해야 할 내용이나 형식 조건을 발문 표현에 포함하여 제시하는 유형. 답안 작성 시 고려해야 할 조건이 비교적 단순하거나, 길지 않을 경우에 주로 사용

[서술형 문항15] 그림은 의자 디자인의 흐름을 나타낸 것이다. 의자 디자인의 변화 추이를 디자인의 조건 중 합목적성과 심미성에 대해 관련지어 설명하시오. [5점]

(나무, 1882년)　　　　(강철, 가죽, 1927년)　　　(바젤, 유광 고강도 발포, 1959~1960년)

▶ 조건 분리형

조건 분리형은 수험생이 문제를 해결하여 답안을 작성하는 과정에서 고려해야 할 내용이나 형식 조건들을 발문 표현과 구분하여 별도로 제시하는 유형. 답안 작성 시 고려해야 할 조건이 비교적 길거나 복수 이상인 경우에 주로 사용

[서술형 문항16] 다장조의 마침꼴 합창이 되도록 (가)~(라)의 화음기호를 각각 적고 이에 해당하는 3화음을 그리시오. (단, 조건을 고려하여 작성할 것) [5점]

(가)   (나)   (다)   (라)

〈 조 건 〉

- 2/4박자로 작성할 것
- 높은 음자리표를 사용할 것
- 화음기호는 Ⅰ, Ⅳ, Ⅴ7을 사용할 것
- (가)~(라)에 해당하는 화음은 2분음표를 사용할 것

2. 문항 구성 방법에 따른 유형

서술형 평가 문항의 유형은 문항 구성에 사용된 자료의 유무에 따라 발문 단독형과 자료 제시형으로 구분할 수 있다.

▶ 발문 단독형

문항 구성 시 그림, 그래프, 표, 제시문 등의 자료를 제시하지 않고 발문으로만 구성된 문항. 발문만으로 평가요소를 제시하고, 답안 작성 시 고려해야 할 조건까지 포함하여 작성해야 하므로 문항 작성 시 세밀한 주의가 요구된다. 특히 발문 단독형은 평가요소가 단순하게 제시되거나 압축되는 특성이 있어 문항 제작에 소요되는 시간이 단축되는 장점이 있다. 그러나 평가요소와 조건을 명확하게 한정하지 않을 경우 평가자의 출제 의도와 달리 응답자가 반응하는 내용 범위가 확대될 수 있다.

[서술형 문항 17] 토속(土俗)민요와 통속(通俗)민요의 차이점을 서술하되, 전파 범위, 전창자의 신분을 포함하시오. [4점]

▶ 자료 제시형

제시문, 그래프, 그림, 표, 지도, 사진 등의 자료를 발문과 함께 제시한 문항. 제시 자료를 바탕으로 평가요소를 이해하고 답안을 작성해야 하므로 수험생의 입장에서는 문제 해결에 소요되는 시간이 늘어날 수 있다. 자료에 대한 충분한 이해와 해석의 과정을 전제해야 한다는 점에서 수험생의 복합적인 사고 능력을 측정하는 데에 유리하나 자료와 발문을 유기적으로 결합하여 문항을 작성해야 한다.

[서술형 문항18] 표는 육상 높이뛰기 경기에서 상위 3명의 기록만을 나타낸 것이다. 순위 판정 방법(기준)을 우선순위부터 두 가지만 분석하시오. [6점]

구 분	140cm	145cm	150cm	155cm	160cm	165cm	순위
선수 A	−	○	○	×○	××○	×○	2
선수 B	○	○	−	×○	○	×○	1
선수 C	−	○	×○	×○	××○	×××	3

(○ : 성공, × : 실패(무효), − : 패스)

발문의 작성

1. 서술형 평가 문항의 발문은 평가자가 요구하는 정답 서술의 내용과 조건이 명확하게 전달되도록 작성하여야 한다.(평가자의 표현 의도와 수험생이 이해한 의미의 차이가 발생되지 않도록 각별히 유의한다.)

2. 선택형 평가문항은 응답자의 반응 범위를 다섯 개의 답지로 한정시킬 수 있으나 서술형 평가 문항은 답지로 응답자의 반응 범위를 제한할 수 없으므로, 발문 작성 시 평가자의 의도에 맞게 수험생이 올바르게 반응할 수 있도록 명확한 표현을 구사하여야 한다.

3. 서술형 평가 문항의 발문은 평가자의 의도, 즉 '무엇(평가요소)' 대해 '어떻게' 반응할 것을 요구하는 메시지가 수험생에게 직접적으로 전달될 수 있도록 간결 명료하게 작성한다.

4. 서술형 평가 문항의 발문은 완전한 형태의 문장으로 하되 종결 표현은 '~하시오'의 두루높임형('하시오'체)을 사용한다.

5. 수험생이 정답의 범위를 분명히 인지하고 반응할 수 있도록 발문에는 평가요소(내용 영역)를 구체적으로 명확하게 제시하여야 한다.

6. 발문에 평가자가 수험생이 반응해야 하는 평가요소가 둘 이상일 경우에는 각각의 평가요소를 쉼표 혹은 기호[5] 등으로 구분하여 수험생이 <u>둘 이상의 질문에 모두 응답하도록 작성</u>해야 한다.
   (가독성을 높이기 위해 각각의 평가요소를 굵은 글꼴로 표기할 수 있다)

> [서술형 문항19] 다음 디자인 운동(movement)의 명칭, 미술사에 끼친 영향을 각각 서술하시오. [5점]
>
> > • 19세기 후반 영국에서 시작되었다.
> > • 산업혁명의 결과로 상품의 질과 디자인이 퇴보했다는 비판에서 시작되었다.
> > • 기계로 생산된 제품보다 수공예품이 우월하고, 좋은 디자인은 삶을 개선시킨다고 믿었다.

7. 서술형 평가 문항은 어떤 현상의 원인과 결과, 자료에 대한 해석, 전제와 결론, 주장과 근거, 이유와 추론, 종합과 분석, 비교와 대조, 결과에 대한 평가와 비판, 문제 해결 과정 등의 사고 능력을 측정할 수 있도록 설계하는 것이 바람직하다.

8. 서술형 평가 문항의 발문에는 평가자가 제시한 장면을 1차적으로 수험생이 이해하고, 문제를 해결할 수 있도록 작성하되, 평가자가 측정하고자 하는 행동 영역이 분명하게 드러나는 행동 지시어를 사용한다.
   일반적으로 서술형 평가 문항에서 사용할 수 있는 기본적인 행동지시어와 확장 사례를 간략하게 제시하면 다음과 같다.

---

[5] 발문에 사용되는 기호는 문항 번호(1, 2, 3...), 답지 번호①②③④⑤ 등과 기타 문항에 이미 사용된 기호 등과 구분하여 사용해야만 수험생의 혼선을 예방할 수 있다.

기본형 반응 지시어	반응 지시어의 확장 (예시)
~에 대해 설명하시오.	A와 B를 비교하여 설명하시오. A와 B를 연관 지어 설명하시오. A에 대해 구체적 사례를 들어 설명하시오. A와 B의 장단점을 비교하여 설명하시오.
~에 대해 서술하시오.	A와 B의 특성을 비교하여 서술하시오. A와 B의 역사적 변천 과정을 서술하시오. A의 구체적 사례를 서술하시오. A의 장단점에 대해 서술하시오.
~를 해석하시오.	A, B의 의미를 해석하시오. A와 B 자료를 비교하여 해석하시오. A와 B의 실험 결과를 비교하여 해석하시오. A 사건을 현대적 의미로 재해석하시오.
~를 분석하시오.	A와 B의 특성을 비교하여 분석하시오. A와 B의 원인과 결과를 분석하시오. B 화자의 말하기 의도를 분석하시오. A와 B의 장단점을 분석하시오.
~에 대해 추론하시오.	A의 사건이 발생된 원인을 추론하시오. B 실험의 결과를 추론하시오. A와 B의 공통점을 인과관계에 따라 추론하시오. A에 의한 지형 변화의 과정을 추론하시오.
~에 대해 비판하시오.	A의 행동을 윤리적 관점에서 비판하시오. B 현상을 민주주의 원리를 고려하여 비판하시오. A, B의 삶의 태도를 비교하여 비판하시오. B의 주장에 대해 근거를 들어 비판하시오.
~를 요약하시오.	A의 변천 과정을 요약하시오. B의 주장을 요약하시오. A, B의 역사적 의의를 비교하여 요약하시오. B에 대한 C의 반론을 요약하시오.
~를 종합하시오.	A~C의 사례를 일반화하여 종합하시오. B의 주장과 근거를 종합하시오. A, B의 특성을 종합하시오. A, B 주장의 차이점을 종합하시오.
기타 : ~를 유추, 비교, 대조, 논증하시오	

용어 해설

- 설명(說明) : 어떤 일이나 대상의 내용을 상대방이 잘 알 수 있도록 밝혀 말함.
- 서술(敍述) : 사건이나 생각 따위를 차례대로 말하거나 적음.
- 기술(記述) : 대상이나 과정의 내용과 특징을 있는 그대로 열거하거나 기록하여 서술함. 또는 그런 기록.
- 해석(解析) : 사물을 자세히 풀어서 논리적으로 밝힘. 『수학』 명제 A가 참임을 증명할 때에, A의 전제 조건을 순차적으로 거슬러 올라가서 이미 참인 것으로 알려진 B에 귀착시켜 증명하는 방법.
- 분석(分析) : 얽혀 있거나 복잡한 것을 풀어서 개별적인 요소나 성질로 나눔. 『논리』 개념이나 문장을 보다 단순한 개념이나 문장으로 나누어 그 의미를 명료하게 함. 『철학』 복잡한 현상이나 대상 또는 개념을, 그것을 구성하는 단순한 요소로 분해하는 일.
- 추론(推論) : 미루어 생각하여 논함. 『논리』 어떠한 판단을 근거로 삼아 다른 판단을 이끌어 냄. ≒추리(推理)
- 추리(推理) : 알고 있는 것을 바탕으로 알지 못하는 것을 미루어서 생각함. 『논리』 = 추론02(推論)
- 비판(批判) : 사물의 옳고 그름을 가리어 판단하거나 밝힘. 『철학』 사물을 분석하여 각각의 의미와 가치를 인정하고, 전체 의미와의 관계를 분명히 하며, 그 존재의 논리적 기초를 밝히는 일.
- 요약(要約) : 말이나 글의 요점을 잡아서 간추림. ≒요략.
- 종합(綜合) : 여러 가지를 한데 모아서 합함. 『논리』 개개의 관념, 개념, 판단 따위를 결합시켜 새로운 관념이나 개념을 구성하는 일. 『철학』 변증법 논리나 헤겔 철학에서, 서로 모순되는 정립(定立)과 반정립(反定立)을 거쳐, 대립과 모순이 통일되는 새로운 단계. ≒진테제.
- 비교(比較) : 둘 이상의 사물이나 현상을 견주어 서로 간의 유사점, 차이점, 일반 법칙 따위를 고찰하는 일.
- 대조(對照) : 둘 이상인 대상의 내용을 맞대어 같고 다름을 검토함. 서로 달라서 대비가 됨.
- 유추(類推) : 같은 종류의 것 또는 비슷한 것에 기초하여 다른 사물을 미루어 추측하는 일. 『논리』 두 개의 사물이 여러 면에서 비슷하다는 것을 근거로 다른 속성도 유사할 것이라고 추론하는 일. 서로 비슷한 점을 비교하여 하나의 사물에서 다른 사물로 추리함. 아날로지.
- 논증(論證) : 옳고 그름을 이유를 들어 밝힘. 또는 그 근거나 이유.

9. 서술형 평가 문항에는 정답 서술에 필수적인 내용이나 형식 조건을 명확히 한정하여 제시하되, 단순한 글자 수나 표현 형식을 정답의 조건으로 한정하는 것은 지양한다. (단, 글자 수나 표현 형식을 측정하는 것 자체가 평가 목표로 설정한 교과목의 경우는 예외로 한다.)

10. 서술형 평가 문항에 포함된 문항 조건은 출제자의 의도대로 수험생이 문제 해결 과정에 필수적인 사고 과정이나 정보를 활용하도록 안내하거나, 정답 서술에 필요한 필수적인 내용 요소를 한정 하는 목적으로 제시하는 것을 원칙으로 한다. (단순한 배점 안내를 위한 조건 제시는 지양한다.)

[서술형 문항20] 다음 악곡의 형식을 〈조건〉을 고려하여 분석하시오. [5점]

───〈 조 건 〉───

• 가락을 중심으로 분석할 것.
• 다음의 예시를 참조하여 구조화시켜 나타낼 것.
※ 예시) 세도막 형식일 경우 : A(a+b) - B(c+d) - C(e+f)

11. 자료 제시형 문항(지문, 그래프, 그림, 표 등)의 경우 발문과 제시 자료가 명확하게 구분되도록 문항 구성 요소를 체계적으로 배치하고, 발문과 자료를 유기적으로 결합시킬 수 있는 발문을 작성하여야 한다.

12. 교과별 서술형 문항의 문제 해결 시간을 감안하여 자료 제시형 문항의 경우 불필요한 정보, 과다한 양의 정보가 포함되지 않도록 유의한다.

13. 배점표시는 선택형 문항 배점 표시와의 일관성을 기하도록 표기하며, 해당 문항의 종결어미 뒤, 혹은 해당 줄의 맨 끝에 배치하되, [ ]기호 안에 배점을 기입하도록 한다.

14. 발문은 평가요소가 명확하게 제시되도록 표현하는 것을 전제로 간략하게 작성하되, 수식어와 피수식어의 관계가 명확하지 않거나, 아래 문항과 같이 복잡한 어구를 연속적으로 나열한 문장 등은 사용하지 않는다.

(잘못된 발문의 예) 조선 후기에 발달한 판소리는 한 사람의 소리꾼이 고수의 북장단에 맞추어 긴 이야기를 표현하는 전통 극음악이다. 아래의 그림은 판소리의 일부분인데 (가) ~ (다) 요소의 이름과 개념을 쓰고, 이 곡이 들어간 춘향가의 주요내용을 20자 내외로 서술하시오. [5점]

---

15. 발문 작성 시 언어규범에 맞는 문어체를 사용하도록 하되, 구어나 비속어를 사용하지 않도록 한다.

서술형 평가 문항의 제작과정

평가 목적의 설정

서술형 평가를 포함한 평가를 계획할 때에는 먼저 평가 시행의 근본 목적을 설정할 필요가 있다. 평가의 목적을 설정하는 것은 평가의 핵심이다. 즉 새로운 단원 수업을 시작하기 전에 학생들이 지닌 선수학습 수준과 요소를 파악하기 위해서인지. 교사의 수업 진행 과정에서 교사가 조직한 학습 내용들을 학생들이 효과적으로 이해하고 성취하는 정도를 수시로 파악하여 수업 내용과 방향을 조절하기 위해서인지, 수업 종결단계에서 학생들이 수업 목표에 도달한 정도를 파악하기 위해서인지 평가의 목적을 명확하게 인식해야 한다.

또한 교사의 의도된 수업활동이 일정 기간 지속된 이후 교육목표 도달 정도를 파악하기 위한 목적인지, 아니면 학생들의 개별적인 성취 수준을 상대적인 위치로 비교 판정하기 위한 목적인지 구분할 필요가 있다.

교육과정 분석

평가의 목적은 교육활동을 통해 도달시키고자 하는 학습 목표가 적절하게 달성되었는지를 확인하는 데 있다. 따라서 평가를 시행하기 위해서는 교육과정상의 규정된 목표를 내용영역과 행동영역으로 나누어 살펴보아야 한다.

특히 학기중이나 학기말에 시행하는 총괄평가의 경우에는 해당 교과목에서 내용 구성의 단위인 단원의 학습내용과 학습목표 등을 상세하게 분석하는 과정이 필요하다. 이러한 학습 단위별 분석은 다른 학습단위와도 밀접한 연관성을 지니며, 결국 전체 교과목에서 성취하고자 하는 목표를 세분화한 하위목표와도 밀접하게 연계되어 있다.

필수학습요소의 추출

교육과정의 분석을 통해 학습단위의 목표와 내용을 체계적으로 정리한 다음에는 단원의 내용 위계상 가장 중요한 세부 목표를 추출하여야 한다. 필수학습요소란 다음 단계의 학습 내용과 목표를 성공적으로 성취하기 위해서 최소한도로 요구되는 학습 내용 혹은 학습 요소를 의미한다.

필수학습요소는 학습자 모두 일정한 수준까지 필수적으로 도달해야 하는 내용과 행동목표를 포괄하므로 형성평가나 총괄평가의 서술형 평가 문항을 설계할 때에는 필수학습요소를 추출하여 세목화하는 과정이 필요하다.

평가요소의 선정

필수학습요소는 다음 단계의 학습으로 진전하기 위해 필요한 내용요소 및 행동요소를 포함한다. 평가요소를 선정하기 위한 세목화한 필수학습요소를 상호 비교하여 하위 요소를 포섭하는 상위의 학습요소를 구별해야 한다. 다른 학습요소에 비해 교육과정에서 중요하게 다루어지지 않는 학습요소를 평가요소로 선정할 경우 상대적으로 문항의 내적 타당도는 떨어지게 된다.

교육과정에서 중요하게 취급되는 필수학습요소, 즉 평가요소는 평가자의 문항 제작 방식, 수험생의 수준, 문항 수 등의 변인이 있더라도 동일한 교육과정 내에서는 대부분 공통적으로 선택되고, 문제 유형을 달리하여 반복 출제되는 것이 일반적이다. 유능한 평가자는 필수학습요소 가운데 평가요소를 정선하여 구체적인 평가장면을 설정하여 개별 문항으로 제작할 수 있는 능력을 갖춘 사람이다.

문제 장면의 설정

평가요소를 선정한 다음에는 문제 장면을 합리적으로 설정해야 한다. 평가요소를 '몸'에 비유한다면 문제 장면은 그 몸 위에 입히는 '옷'[6]이다. 어떤 스타일과 색상의 '옷'으로 '몸'을 단장하는 가에 따라 '몸의 품위와 격이 달라질 수 있다. 평가요소를 타당하게 선정했다고 하더라도 문제 장면이 비합리적으로 설정된다면 평가의 효과는 반감된다.

평가요소를 살아 움직이게 하는 과정이며 평가요소에 맞게 채색하는 단계가 바로 문제 장면 설정이다. 문제 장면을 설정하는 범위는 평가목표, 교과목의 특성, 평가자의 평가관에 따라 무한히 확대될 수 있다. 예를 들어 '제주도의 기후 특성'을 평가요소로 추출했을 경우 문제 장면은 대화, 토의, 수업, 체험학습, 휴대폰 문자메시지, 여행업체의 광고, 기사문 작성, 수행평가, 날씨 예보, 일기 혹은 보고서 쓰기 등 다양한 설정이 가능하다.

목표이원분류표 작성

평가요소에 적합한 문제 장면을 설정했다면 목표이원분류표를 먼저 작성해야 한다. 최종적으로 완성된 평가문항이 '집'이라면 목표이원분류표는 평가의 전체적인 설계도, 조감도이다. 조감도를 보면 인간의 조형물과 자연 환경, 건물의 위치와 모양 등을 실물에 가까운 상태로 조망해 볼 수 있다.

목표이원분류표[7](two-dimensional classification of educational objectives tables)란 교과목이나 학습단원과 관련된 교육목표들을 행동과 내용이라는 두 개의 차원에서 분류하여 제시한 표이다. 학교에서는 교과목의 평가와 관련하여 목표를 서술할 때에는 학생에게서 나타나야 할 행동과 그 행동과 관련된 내용의 두 가지

---

6) 교육과정에서 중요하게 다루어지는 내용 요소, 즉 필수학습요소는 반복 출제되지만 평가 장면은 이전과 동일하게 설정하지 않는 것이 보편적이다. 다시 말해 동일한 '몸'에 동일한 '옷'을 걸쳐 입은 문항은 특별한 경우 외에는 재출제되지 않는다.

7) 이원목표분류표가 혼용되고 있으나 교육목표를 내용과 행동 영역으로 이원화한 표라는 의미에서 본서에서는 목표이원분류표로 용어를 통일하기로 한다.

요소를 포함시키는 것이 관례이다.

　목표이원분류표는 학교별로 형태상 다소 차이가 있으나 문항번호, 내용과 행동, 정답, 배점, 곤란도 등이 공통적으로 포함된다.　평가자는 본격적으로 평가문항을 제작하기에 앞서 목표이원분류표를 작성해 봄으로써 평가요소의 중복 여부, 특정 학습단원의 편중 여부, 문항의 곤란도, 내용과 행동 영역의 타당성, 출제근거의 명확성 등을 일목요연하게 조망해 볼 수 있다. 목표이원분류표 작성은 교과목 평가를 설계하여 문항을 구체적으로 제작하기 이전 단계에서 반드시 선행되어야 하는 필수 작업이다.

문항 초안 작성

　목표이원분류표가 작성되었다면 해당 교과목의 서술형 평가 문항을 제작하기 위한 기초 작업이 완료된 셈이다. 문항 초안은 목표이원분류표에 의거하여 작성해야 한다.

　먼저 문항 번호 옆에 평가요소를 기재해 두면 평가내용의 범위를 분명하게 인식되는 장점이 있다. 의미 혼동 없이 평가요소를 명확하게 제시하는 것이 발문 작성의 요체이다. 그 다음에는 평가자가 설정한 평가요소에 대한 답안을 서술할 때 수험생이 고려해야 할 조건을 항목별로 구체화해야 한다. 서술형 문항의 경우 정답의 범위나 조건을 제시하지 않는 경우에 평가자가 예측하지 못한 의외의 반응이 나올 가능성이 많다. 조건의 세분화는 평가자가 의도하는 방향으로 수험생의 반응 범위를 축소시키는 효과가 있다.

　발문의 평가요소와 조건을 모두 반영했을 때의 기본 정답을 작성한 다음, 수험생의 다양한 반응사례를 예측하여 유형별로 정리해 보면 정답으로 인정할 수 있는 내용 범위가 생겨난다. 기본 답안을 바탕으로 인정 답안을 동심원처럼 확대시키는 경우, 정답과 오답 처리의 경계선이 인식된다. 이렇게 기본답안과 인정답안을 몇 가지 유형으로 정리하는 과정에서 채점기준이 더욱 명확하게 드러나게 된다. 즉 채점기준은 기본답안과 인정답안에 공통으로 포함되어야 하는 내용과 형식 요소이다. 한 개의 문항에 대해 분할 점수를 부여하는 방법도 이러한 기본답안과 인정답안의 공통 내용 요소가 수험생이 작성한 답안에 질적으로, 혹은 양적으로 얼마나 포함되어 있는지 여부를 가늠하는 것이 관건이다.

문항 검토 컨설팅(문항타당도와 신뢰도 확보를 위한 필수 과정)

평가요소를 표현한 발문, 정답 작성의 조건, 수험생의 반응 유형예측에 따른 인정답안의 범위, 채점기준까지 포괄한 문항 초안이 작성된 후에는 문항에 대한 세밀한 문항 검토 컨설팅과정이 필요하다. 문항에 대한 검토 컨설팅은 문항의 타당도와 평가의 신뢰도 확보를 위한 필수과정이다.

특히 서술형 평가는 평가요소의 타당성, 설정된 조건의 압축성, 수험생의 반응 유형 예측, 채점기준의 타당성, 정오답 경계의 논리적 근거, 평가자의 의도와 문항의 완성도 대비, 반응 내용의 범위, 문항구성요소의 효율성, 문항의 정확성 등에 대해 평가자와 인접 교과 교사의 컨설팅 과정이 필요하다. 특히 실제 서술형 평가를 시행했을 때 수험생의 반응은 평가자의 당초 의도와 동떨어지게 나타날 개연성이 존재한다. 서술형 평가 시행 이후에 나타날 문제점을 사전에 예측하고 보완하기 위해서는 수험생의 입장에서 서술형문항을 검토하고, 의견을 제시해 줄 수 있는 '제3의 눈'(third-eye)[8]이 필요하다. 제3의 눈으로 서술형 문항의 각 구성 요소를 검토하고, 조언을 받을 수 있다면 서술형 문항은 더욱 보편 타당성을 획득하게 된다. 유능한 평가자는 자기 주변에서 '제3의 눈'을 확보하고, '제3의 눈'의 도움을 받아 자신이 제작한 서술형 문항을 더욱 견고하고 타당하게, 효율적으로 완성해 가는 사람이다.

문항 컨설팅의 실시 방법은 부분적 검토와 전체적 검토로 나누어 살펴볼 수 있다. 부분적 검토는 평가자가 반영한 각각의 항목들이 과연 타당성을 지니고 있는지의 여부를 중심으로 진행된다. 다시 말해 답안 작성시 고려하라고 요구한 조건들이 수험생의 수준에 적합한가, 과다하지는 않은가, 평가요소와 긴밀한 연

---

8) '제3의 눈'은 투시력, 심안에 해당한다. 서술형 평가 시행시 제1의 눈은 평가자, 제2의 눈은 수험생, 제3의 눈은 바로 수험생의 입장에서 문항 전체를 관류하여 비평할 수 있는 컨설팅 검토위원의 안목이다. 학교 현장에서 '제3의 눈'이라고 한다면 인접 교과, 혹은 타 교과 교사까지 포함할 수 있다.

관성을 지니고 있는가, 지엽적인 조건 부여로 수험생에게 심리적 부담을 초래하고 있지 않은가 등이다.

또한 정답으로 설정한 기본 답안의 내용이 조건을 모두 충족하였는가, 기본 답안 자체가 논리성을 결여하고 있지 않은가, 인정 답안과 기본 답안에 내용상 공통 요소가 반드시 나타나는가, 채점기준의 설정이 타당한가, 분할 배점시 중심 답안 내용에 비중을 두고 있는가, 문제 해결 시간이 과도하게 소요되는 것은 아닌가, 불필요한 자료를 문항에 포함하여 자료 해독과 답안 작성시 문항당 평균소요시간이 초과되는 것은 아닌가에 대해서 검토하여야 한다.

전체적 검토는 목표이원분류표 상의 평가요소가 타당하게 선정되어 있는가, 문항곤란도가 높은 문항과 낮은 문항, 중간 수준의 문항을 고루 배치하였는가, 문항곤란도에 비해 배점이 높거나 낮게 설정되지 않았는가. 과목당 시험 시간과 문항 수가 적절하게 안배되었는가, 특정 학습단원에 문항이 편중되어 있지는 않은가, 언어 표현력이 우수한 학생에게만 유리하게 설계되지는 않았는가? 등을 중심으로 컨설팅을 진행할 수 있다. 문항 컨설팅 검토 과정에서 점검해야 할 항목은 다음과 같다.

컨설팅 검토 시 유의점		
• 검토자는 수험생의 입장에서 문항 당 소요 시간을 활용하여 검토한다.		
• 평가자는 검토협의과정에서 제시된 의견을 긍정적으로 수용하여 문항을 보완한다.		
• 정답 확대 가능성을 염두에 두고 수험생의 다양한 반응을 사전에 예측한다.		
• 평가문항은 영역 내 전 출제위원 및 검토위원의 공동 작품임을 명심한다.		
• 출제 및 채점 편의를 위해 서술형 평가 도입의 본질적 취지가 왜곡되지 않도록 검토한다.		
• 기본답안, 인정답안 채점기준이 명확하게 수립되었는지 타당성을 검토한다.		

[예시] 서술형 평가 컨설팅 검토의 관점	예	아니오
출제 전반	• 학교 교육과정의 정상적 운영에 기여할 수 있도록 출제되었는가? • 목표이원분류표에 의거하여 체계적으로 출제되었는가? • 창의적·분석적·복합적·논리적·종합적·확산적 사고를 평가할 수 있는가? • 교육과정의 범위를 과도하게 벗어나 사교육 논란을 야기할 가능성은 없는가? • 평가자의 개인적 주관, 신념에 의해 출제되거나, 사회적 논란을 유발하는 문항은 없는가? • 문항변별도를 적절하게 유지하면서 출제 원칙에 맞게 출제되었는가? • 제시문 등에서 특정 단어나 문장을 찾도록 요구하는 문항은 없는가? • 단어, 구 등으로 단순지식, 암기능력을 측정하는 단답형 문항이 출제되지 않았는가? • 특정 학습단원에서 편중되어 문항이 출제되지는 않았는가? • 교과목 시험시간에 비추어 문항수가 과소, 과다하지는 않은가? • 역배점 없이 문항곤란도에 따라 적절하게 배점하였는가? • 수험생의 수준에 따라 문항곤란도를 골고루 안배하였는가? • 수험생의 문항접근도를 높일 수 있도록 다양하게 문제장면을 설정하였는가?		
발문	• 정답 인정 범위가 모호하지 않도록 문제 해결에 필요한 조건이 모두 포함되었는가? • 평가요소가 발문에 명확하게 지시되어 있는가? • 정답에 포함되어야 하는 핵심 단어가 발문에 그대로 제시되어 있지는 않은가? • 발문과 제시자료가 긴밀하게 연관되어 있는가? • 장황하게 서술되어 평가요소에 대해 혼선을 유발할 가능성은 없는가?		
자료 (그림, 그래프, 표, 지도, 제시문)	• 문항당 소요시간에 맞게 적절한 분량의 자료를 제시하였는가? • 문제 해결에 불필요한 자료를 제시하여 수험생의 혼란을 초래하고 있지 않은가? • 평가요소와 제시자료, 발문이 상호 긴밀하게 연관되고 있는가? • 제시된 자료는 내용상 신뢰도와 정확성이 확보된 자료인가?		

〈조건〉	• 〈조건〉을 과다하게 제시하여 수험생의 문항 접근성을 약화시키는 것은 아닌가? • 채점자의 편의를 위해 의도적으로 〈조건〉을 부가한 것은 없는가? • 〈조건〉이 수험생의 반응해야 할 내용과 형식상 범위를 적절하게 한정하고 있는가? • 답안 작성에 필요한 내용 〈조건〉 누락으로 정답 없는 개방형 문항이 되지는 않았는가? • 설정된 〈조건〉이 평가요소와 유기적으로 연관되는가? • 답안의 표현 형식에만 치중하여 제약 〈조건〉 일변도로 제시하지 않았는가? • 문항 특성에 맞게 〈조건〉의 길이와 분량을 적절한가? • 〈조건〉 자체에 정답 전체, 혹은 정답의 일부가 사전 암시되어 있지 않는가?	
답안	기본답안	• 기본답안 내용이 발문의 평가요소와 정확하게 일치하는가? • 기본답안이 조건을 모두 충족하면서 진술되어 있는가? • 관점에 따라서 기본답안 내용 자체에 논리적 모순이 지적될 가능성은 없는가? • 기본답안 내용이 학계 공인 정설, 교육과정 내용에 근거를 두고 있는가? • 문항당 소요시간에 비추어 기본답안의 분량과 길이는 적절한가? • 분할 배점을 하는 경우 분할 배점하는 기준이 합리적인가? • 객관적인 입장에서 정답으로 인정되는 보편타당성을 지니고 있는가?
	인정답안	• 인정답안 내용이 기존답안 내용과 본질적으로 동일한 범주에 있는가? • 인정답안과 기본답안의 핵심 내용이 다소 동떨어진 것은 아닌가? • 인정답안이 발문의 평가요소와 정확하게 일치하는가? • 다양한 수험생의 반응 사례를 예측하여 유형화하는 과정에서 설정되었는가? • 특정어휘의 조합만으로 인정답안을 작성할 수 있는 것은 아닌가? • 평가요소에 대한 학습 없이도 언어표현 능력만으로 인정답안 작성이 가능한 것은 아닌가? • 인정답안의 범위가 동심원처럼 무한히 확대될 가능성은 없는가? • 인정답안과 오류답안의 경계 지점이 명확하게 설정되어 있는가?

문항 수정 보완

문항 컨설팅 과정을 거친 다음에는 검토 협의과정에서 논의된 사항을 바탕으로 문항을 수정 보완해야 한다. 특히 인정답안의 범위에 대한 명확한 기준을 재정립하여 채점기준표, 혹은 목표이원분류표 등에 확정 기재해 두어야 한다.

최종 문항 완성

문항 수정 보완 과정을 거친 후 최종문항 원안지, 목표이원분류표 등을 마무리하여 제출본을 완성한다. 이 때 유의할 점은 수정사항이 최종 문항에 제대로 반영되었는지의 여부, 이전 원안파일과 최종파일의 혼동 여부, 파일 정리 과정에서 그림, 그래프나 기호, 선 등이 누락되지 않았는지의 여부 등을 재확인하는 과정이 필요하다.

서술형 평가 문항의 채점과정

평가 목적의 확인

학생 서술형 문항답안의 채점에서 반드시 선행되어야할 것은 채점자가 평가 목적을 확인하는 것이다. 채점을 진행하다 보면 학생 답안에 대해 개인적인 주관이 반영 될 수 있고, 평가 목적과 상반되는 요소들이 개입될 수 있기 때문에 채점자가 평가 목적을 명확히 이해하는 것은 객관적이고, 신뢰할 수 있는 채점의 필요조건이라 할 수 있다. 학생에게 성취동기를 부여하는 것인지, 성취 수준을 상대적인 위치로 비교 판정하기 위한 것인지, 수업 방향을 설정하기 위한 것인지, 평가 요소는 교육과정상 타당한지, 필수 학습 요소를 평가하고 있는지 등을 확인함으로써 이후 채점과정에서 발생할 수 있는 오류들을 줄이고 타당한 채점 과정을 진행할 수 있다.

목표이원분류표 확인

평가의 목적을 확인하고, 이에 따라 평가 문항의 각 요소들이 구체적으로 어떻게 구성되었는지 파악하는 단계이다. 평가 요소가 무엇인지, 문항의 내용과 행동 영역은 어떻게 분류되었는지, 문항 곤란도를 확인할 수 있는 배점, 소요시간 등은 어떻게 작성 되었는지 문항에 대한 출제자의 평가 목적과 의도를 구체적으로 이해하는 것이다. 평가 문항에 대한 목표이원분류표를 확인하는 것은 채점에 앞서 문항에 대한 타당도와 신뢰도를 검토할 수 있고, 채점 후 발생할 수 있는 문제점들을 사전에 방지할 수 있는 기능도 포함하는 중요한 과정이다.

문항 구성요소 확인(채점 준비)

채점 과정에서 평가 문항에 대한 학생 답안의 유형은 매우 다양할 것이며, 각 유형에 대해 채점자는 객관적이고, 명확한 기준을 가지고 접근해야 한다. 이에 채점자는 평가 문항에 대해 문항 구성요소들을 면밀히 인지해야만 한다. 문항의 장면이 어떻게 구성되었는지, 학생이 작성할 답안에서 중요한 조건은 무엇인지, 학생은 무엇을 답해야 하는지(평가요소), 기본답안은 무엇인지, 인정답안의 범위는 어디까지인지, 배점은 어떻게 부여하는지 등의 기준을 정확히 숙지하고 있어야 한다.

시뮬레이션

일반적으로 채점에서 사용되는 서술형 평가 문항의 채점기준표는 평가전에 작성되어 학생들의 다양한 반응 유형이 반영되지 못한 것들이 대부분이다. 이로 인해 채점 과정에서 예기치 못한 학생 답안으로 초기에 설정한 채점기준들이 수정되는 일이 일어나고 종종 채점을 처음부터 다시 반복해야 하는 문제가 발생하기도 한다. 따라서 평상시 수업활동이 적극적인 몇 개의 표집학급을 선정하여 가채점을 해보는 단계가 필요하다. 표집학급의 가채점을 통해 교사가 파악하지 못했던 학생들의 반응유형들을 알 수 있고 이를 채점 전에 채점기준표에 반영한다면 매우 체계적이고 효과적인 채점이 진행될 수 있다.

채점 전 협의 (사전 협의)

시뮬레이션을 통해 발견된 학생 반응유형 사례들에 대한 반영과 채점을 어떠한 형태로 진행할 것인지 등에 관해 협의하는 과정이다. 학생 반응유형을 면밀히 검토한 후 채점기준표를 재설정할 필요가 있는지? 재설정한다면 어떻게 할 것인지, 기본답안은 수정할 필요는 없는지? 인정답안의 범위는 어디까지 확정할 것인지, 방법론적으로 채점은 공동채점 또는 개별채점으로 할 것인지, 분할채점 또는 전체채점으로 할 것인지, 동일 장소에 모여 할 것인지 등에 관해 충분한 논의를 교과협의회 등에서 협의 결정하는 단계이다.

채점 실시

여러 단계를 거쳐 채점방향과 채점방법에 대한 객관적이고 명확한 기준이 설정되었다면 채점을 실시한다. 시뮬레이션 등을 거쳐 학생반응 유형들을 면밀히 검토했고, 채점기준표를 재설정했지만 기준에서 벗어나는 유형들이 발생될 수 있다. 이때 채점을 잠시 미루고 동료교사들과 사례를 공유하고 즉각 협의하여 인정범위를 결정하고, 수정사항을 채점기준표 등에 기록한다.

일반적으로 채점은 문항별로 채점하는 것이, 일관된 기준으로 채점하기에 유리하고 채점과정에서 실수를 감소시키며, 채점학급을 분배하고 한 채점자가 해당학급 전체문항을 채점하더라도 동교과 교사들이 동일한 장소에 모여 동일시간 때에 일괄적으로 채점하는 것이 효율적이다.

채점 후 협의 (사후 협의)

채점 후 협의를 통해 채점과정에서 나타난 특이답안 유형들을 정리하고, 처리사례를 공유하여 학생반응 유형을 모두 포함할 수 있도록 동교과 교사와 충분히 논의하여 목표이원분류표와 채점기준표 등을 최종적으로 재설정한다. 이 때, 재설정을 통한 수정 과정은 채점자 임의로 하지 않고, 해당학교 학업성적관리규정에 의거 수정해야 한다. 채점과정은 수작업이고 여러 요인들로 인해 실수가 발생될 수 있으므로 최종적으로 완성된 채점기준표를 바탕으로 채점결과를 재검토하는 과정도 반드시 수행되어야 한다.

채점결과 학생 확인

검토를 마무리한 후 학생들에게 본인 답안을 확인하고 채점에 이상이 있는지를 확인토록 한 후 학생을 통해 본인의 답안 채점이 이상 없으면 학생 성적일람표에 개인 서명을 한 후 채점을 마무리한다.

채점 종결

평가의 주요 목적은 "교육과정에서 제시하는 학습목표를 학생이 성취하였는 가?"의 여부를 측정하는 것이다. 따라서 채점 후 모든 평가가 종결되어 버리는 것은 바람직하지 않다. 평가를 통해 나타난 학생들이 어려워하는 개념, 미성취 수준 등을 피드백할 수 있는 과정과 평가요소에 대한 확산적 사고를 통해 학생의 창의적 사고 능력이 신장될 수 있는 교수-학습 지도단계 등이 이어지는 것이 바람 직하다.

학생들이 어려워하는 개념, 성취수준 미달 학생 지도는 개념 미달성 학생의 사 고를 분석하는 것부터 시작해야 한다. 그러므로 평가 후 학생 오반응 답안을 파악 하는 것은 학생의 사고와 학습 능력을 분석하는 데 매우 효과적이다. 반응 사례를 통해 주요 오반응 사례를 추출하고. 이를 바탕으로 수업내용(지도내용)을 재구성 하여 학생들에게 피드백 한다.

창의적 사고능력을 신장시키기 위해서는 평가문항에 제시된 자료를 일반화하여 원리나 법칙을 추출해 보도록 하거나, 다른 분야에서 이와 유사한 현상이나 법칙을 발견하도록 지도하는 방법, 혹은 평가요소에 포함된 주요 원리나 법칙을 바탕으로 다른 상황에 적용해 보도록 하는 연습기회를 제공하는 과정이 필요하다.

이와 같은 과정을 통해 학생들은 서술형 평가 종결 이후 기억 속에 잔재하고 있는 경험의 흔적(학습, 평가)을 더욱 발전시켜 향후 학습과정에서 개념 간의 관 계를 자기 주도적으로 파악하고, 개념과 원리간 상호 통합 지점과 변별점을 찾고, 조건과 상황이 변화했을 경우 결과에 미치는 영향을 추리하는 한편, 현상과 법칙 에 내재한 다양한 변인들을 창의적 시각에서 탐색해 볼 수 있게 된다.

2009개정교육과정의 이해

2009 개정교육과정은 2011년 3월 1일부터 중·고등학교 각 1학년을 대상으로 시행한다. 2010년 9월 현재, 2009개정교육과정의 총론(교육과학기술부 고시 제2009-41)은 고시되었으나, 각론은 연구·개발 중에 있다. 이에 서술형 ROAD VIEW에서는 7차 교육과정과 2007개정교육과정에서 공통적으로 다루는 필수학습요소를 토대로 중·고등학교 서술형 평가 문항을 작성하였다.

❤ 중학교 체육

■ 7학년

대영역	중영역	소영역	7학년 신체 활동의 선택 예시
건강 활동	체력 관리	건강과 체력 관리	웨이트 트레이닝, 인터벌 트레이닝, 스트레칭 등
	보건과 안전	건강 생활과 환경 안전	약물 및 기호품의 올바른 사용 방법, 환경오염 예방 활동
도전 활동	기록 도전	속도·거리 도전	트랙 경기, 필드 경기, 경영 등
경쟁 활동	영역형 경쟁	영역형 경쟁	축구, 농구, 핸드볼, 하키, 럭비, 풋살 등
표현 활동	창작 표현	심미 표현과 창작	창작 체조, 음악 줄넘기, 피겨 스케이팅 등
여가 활동	여가 문화	청소년 여가문화	인라인 롤러, 스포츠 클라이밍 등

■ 8학년

대영역	중영역	소영역	8학년 신체 활동의 선택 예시
건강 활동	체력 관리	체력 진단과 평가	유연성, 근력 및 근지구력, 심폐 지구력, 순발력, 민첩성, 협응성 등과 관련된 신체 활동
	보건과 안전	건강 생활과 생활 안전	성 폭력 예방 활동, 각종 사고 예방 및 구급 처치 활동
도전 활동	표적/투기 도전	표적/투기 도전	사격, 양궁, 볼링, 태권도, 씨름 등
경쟁 활동	필드형 경쟁	필드형 경쟁	소프트볼, 야구, 발야구, 티볼 등
표현 활동	창작 표현	현대 표현과 창작	리듬 체조, 현대 무용, 댄스 스포츠 등
여가 활동	여가 문화	전통 여가문화	줄다리기, 국궁, 널뛰기 등

■ 9학년

대영역	중영역	소영역	9학년 신체 활동의 선택 예시
건강 활동	건강관리	자기 건강관리	맨손 체조, 요가 등 자기 건강관리 활동
도전 활동	동작 도전	동작 도전	마루 운동, 도마 운동, 평균대 운동, 철봉 운동 등
경쟁 활동	네트형 경쟁	네트형 경쟁	배구, 배드민턴, 탁구, 테니스, 족구 등
표현 활동	창작 표현	전통 표현과 창작	우리나라의 민속 무용, 외국의 민속 무용, 클래식 발레 등
여가 활동	여가 문화	지구촌의 여가 문화	스키, 골프, 게이트 골프, 윈드서핑 등

교육과정 이해하기(중학교)

개정 체육과 교육과정의 특징을 살펴보면 기존 교육과정 (7차 교육과정)에서 내용 영역을 육상, 체조, 수영, 개인 및 단체 운동, 무용, 체력 운동, 이론, 보건 8개 내용 영역으로 필수 내용과 선택 내용을 제시 하였는데, 이는 학교에서 배우는 것과 일상생활에서 실천하는 것의 연계성과 통일성이 미흡하다는 단점을 드러냈었다. 이에 건강 영역, 도전 영역, 경쟁 영역, 표현 영역, 여가 영역 5개 영역으로 일상생활에서 실천 가능한 통합적 체육 교육 개념의 개정 교육과정이 탄생하게 되었다. 해설서에는 학습목표에 대해 어떤 학습내용을 다루어야 하는지 제한적으로 제시하고 있다. '경쟁 활동' 영역의 학습목표와 해설의 일부를 살펴보면 다음과 같다.

축구를 할 수 있다.

• 축구의 경기 방법과 규칙을 이해하고 실전에 응용할 수 있다.

• 경기 방법
- 경기 인원 : 각 팀은 11명으로 구성되며, 3명까지 선수 교체가 가능하다.
- 경기 시간 : 전·후반 각 45분이며 중간 휴식은 15분이다.
- 심판원 : 주심(1명)은 경기를 진행하는 임무를 수행하며 부심(2명)은 주심을 보조하여 경기를 진행한다.

• 주요 경기 규칙
- 오프사이드 : 공격자가 공과 최종의 두 번째 수비자보다 상대편 골 라인에 가까이 있을 때 오프사이드가 선언된다.
- 패널티 킥 : 패널티 에어리어 내에서 직접 프리 킥에 해당하는 반칙을 범한 경우.
   (이하 교육과정 내용 생략)

위의 해설에 따르면 중학교 체육에서는 경쟁 영역의 활동을 학생의 흥미, 실생활과 연계성 및 통합성을 고려하여 가장 합당한 종목을 선정한다.

또한, 경쟁 영역의 활동은 구기 활동을 주로 다루며 고등학교 교육과정에서 스포츠 축제 문화 영역의 단체운동에서 연계가 된다.

☉ 고등학교 체육

■ 10학년

대영역	중영역	소영역	신체 활동의 선택 예시
건강 활동	건강관리	지역 사회 건강관리	지역 사회의 공중 보건 활동 등
도전 활동	도전과 경쟁	도전과 경쟁 스포츠 경기	육상, 체조, 수영, 투기, 영역형 스포츠, 네트형 스포츠, 필드형 스포츠 등
경쟁 활동			
표현 활동	창작 표현	움직임 예술과 창작	한국 무용, 발레, 현대 무용, 댄스 스포츠, 창작 운동 등
여가 활동	여가 문화	여가 스포츠 문화	수상 스포츠, 빙상 및 설상 스포츠, 산악 스포츠 등

■ 운동과 건강생활

영역	내용 요소	세부 요소 및 신체 활동
건강과 자기관리	• 건강한 신체와 정신의 개념 • 건강과 생활 습관의 관계 • 건강한 대인 관계의 중요성 • 건강과 생활환경의 관리	걷기(또는 오래 걷기), 계단 오르내리기, 건강 달리기, 자전거 타기, 줄넘기, 수영 등
운동과 비만관리	• 건강과 비만의 관계 • 비만의 원인과 문제점 • 비만 측정과 비만 해소 운동 방법 • 비만 관리 계획 및 운동 실천	
운동과 체력관리	• 건강과 체력의 관계 • 체력 저하의 원인과 문제점 • 체력 측정과 체력 증진 운동 방법 • 체력 증진 계획 수립과 운동 실천	근력 및 근지구력 운동, 심폐 지구력 운동, 유연성 운동, 민첩성 운동, 순발력 운동 등
운동과 체형 관리	• 건강과 체형의 관계 • 체형 이상의 원인과 문제점 • 체형 진단과 체형 관리 운동 방법 • 체형 관리 계획 및 운동 실천	에어로빅스, 스트레칭 체조, 요가, 발레 등
운동과 스트레스 관리	• 건강과 스트레스의 관계 • 과도한 스트레스의 원인과 문제 • 스트레스 측정과 스트레스 해소 운동 방법 • 스트레스 관리 계획 및 운동 실천	단전호흡, 테니스, 배드민턴, 탁구, 볼링, 골프 등

■ 스포츠 문화

영역	내용 요소	세부 요소 및 신체 활동
스포츠 정신 문화	• 스포츠의 역사와 전통 의례 • 스포츠의 개인적 윤리와 사회적 윤리	
스포츠 경기 문화	• 스포츠 경기 참여자의 역할과 임무 • 스포츠 경기 기능과 전략 • 스포츠 경기 용어와 규칙 • 스포츠 경기의 진행 절차와 운영 방법	• 개인 스포츠 중 택 1 이상 • 단체 스포츠 중 택 1 이상
스포츠 축제 문화	• 스포츠 행사의 유형과 기능 • 스포츠 축제의 특성과 역할 • 스포츠 축제와 미디어 및 산업의 기능과 관계	
스포츠 예술 문화	• 스포츠 활동의 동적 및 정적 운동미 • 스포츠 활동 자원의 심미성	

■ 스포츠 과학

영역	내용 요소	세부 요소 및 신체 활동
스포츠 과학의 역사	• 스포츠 과학의 기원과 발전 과정 • 스포츠 과학의 역할과 성과 • 스포츠 과학과 체육의 미래	
스포츠 과학의 분야	• 스포츠 활동의 생리적 현상과 원리 • 스포츠 활동의 역학적 현상과 원리 • 스포츠 활동의 심리적 현상과 원리 • 스포츠 활동의 사회적 현상과 원리	• 개인 스포츠 중 택 1 이상 • 단체 스포츠 중 택 1 이상 • 체력 운동
스포츠 과학의 적용	• 스포츠 과학과 운동 기능 향상 • 스포츠 과학과 경기력 향상 • 스포츠 과학과 체력 및 정신력 증진	
스포츠 과학과 진로	• 스포츠 과학의 분야와 체육 관련 진로 • 스포츠 과학의 분야와 직업 세계	

실전 Tip 2 **교육과정 이해하기(고등학교)**

2007개정교육과정에서는 체육과의 교육과정 철학을 '신체 활동 가치' 중심의 교육과정으로 전환하였다. 이는 신체 활동을 수행하는 목적이 신체 활동이 가지는 '가치'(value)를 달성하기 위함임을 강조한 것으로 학생들이 신체 활동을 직접 수행하는 과정에서 운동 기능 습득뿐만 아니라 신체 활동이 구현하는 건강, 도전, 경쟁, 표현, 여가의 가치를 동시에 체험하고 학습하는 것을 의미한다.

교육인적자원부 고시 제 2007-79호에 따른 고등학교 교육과정 해설서 에서는 아래의 예시처럼 목표 영역 대해 어떤 학습내용을 다루어야 하는지를 제시하고 있다.

---

2. 목표

(나) 도전 가치 목표 영역

> 도전 활동의 가치를 이해하고 도전 정신을 실천하면서 도전 스포츠를 수행하고 감상할 수 있는 능력을 기른다.

(다) 경쟁 가치 목표 영역

> 경쟁 활동의 가치를 이해하고 선의의 경쟁을 실천하면서 경쟁 스포츠를 수행하고 감상할 수 있는 능력을 기른다.

3. 내용

〈도전과 경쟁〉

- 도전/경쟁 스포츠 경기의 특성과 유형(예 : 속도, 거리, 표적, 투기, 동작 도전/영역형, 네트형, 필드형 경쟁)을 이해한다.
- 도전/경쟁 스포츠 경기 방법(예 : 규칙, 심판법 등)과 운영 방식(예 : 개인, 단체전/리그전, 토너먼트 등)을 이해하고 실제 스포츠 수행에 적용한다.
- 여러 가지 스포츠 정신의 개념을 이해하고 스포츠 경기에 참여하면서 응용하고 실천한다.
- 과거 스포츠의 유래 및 전통과 현대 스포츠로의 변천 과정에 대하여 경기의 분석과 감상을 통하여 이해한다.
- 우리나라의 도전/경쟁 스포츠와 외국의 도전/경쟁 스포츠의 경기를 분석하고 감상한다.
- 전통적인 도전/경쟁 스포츠와 새로운 도전/경쟁 스포츠의 경기를 분석하고 감상한다.

위의 해설에서 10학년 체육은 우리나라와 외국의 전통적이고 새로운 도전/경쟁 스포츠 경기의 이해, 수행, 분석, 감상 등을 통해 도전과 경쟁의 가치를 구현하고자 한다는 것을 알 수 있다.

☺ 중학교 음악

영역	내용 요소
활 동	• 바른 호흡으로 표현하기 • 악곡의 특징을 살려 표현하기 • 지휘에 맞추어 표현하기 • 악보 보고 표현하기 • 가곡, 민요 부르기 • 시조의 초장, 창작 국악곡 한 대목 듣고 따라 부르기 • 다른 나라(아시아) 노래 부르기 • 간단한 2부 합창하기 • 무리 없는 발성으로 노래하기 • 바른 주법으로 연주하기 • 가락 악기 연주하기 • 합주하기 • 즉흥적으로 표현하기 • 간단한 형식의 가락 짓기 • 다양한 매체를 활용하여 음악 재구성하기 • 디지털 매체를 활용하여 음악 만들기 • 악곡에서 반복, 변화하는 부분 구별하며 감상하기 • 여러 시대의 음악 비교하며 감상하기 • 바른 태도로 감상하기
이 해	• 여러 가지 박자의 리듬꼴 • 장단(중모리, 변형 장단, 장단 한 배의 변화) • 임시표를 포함하는 가락 • 음계(민요의 여러 조) • 마침꼴(V-I) • 형식(AB, ABA) • 여러 가지 악기의 종류와 음색 • 악곡의 특징(시조, 판소리, 창극, 오페라, 뮤지컬 등) • 악곡의 종류(시조, 가곡, 단가, 판소리 등의 우리나라 성악곡과 예술 가곡, 아리아 등의 외국 성악곡, 산조, 시나위 등의 우리나라 기악곡과 소나타, 푸가 등의 외국 기악곡 등)
생활화	• 음악을 즐기는 태도 갖기 • 우리 음악의 가치 인식하기 • 학교 내외의 음악 행사에 참여하기 • 학교 내외에서 음악 발표하기 • 생활 속에서 음악 활용하기 • 사회 속에서 음악의 역할 탐구하기

■ 중학교 2학년

영역	내용 요소
활 동	• 바른 호흡으로 표현하기 • 악곡의 특징을 살려 표현하기 • 지휘에 맞추어 표현하기 • 악보 보고 표현하기 • 가곡, 민요 부르기 • 판소리 한 대목 듣고 따라 부르기 • 다른 나라(유럽) 노래 부르기 • 2부 합창하기 • 바른 주법으로 연주하기 • 가락 악기 연주하기 • 합주하기 • 즉흥적으로 표현하기 • 간단한 형식의 가락 짓기 • 다양한 매체를 활용하여 음악 재구성하기 • 디지털 매체를 활용하여 음악 만들기 • 악곡의 형식적 요소 파악하며 감상하기 • 여러 지역의 음악 비교하며 감상하기 • 바른 태도로 감상하기
이 해	• 여러 가지 박자의 리듬꼴 • 여러 가지 장단 • 조성의 변화 • 화음의 진행 • 7화음(V7) • 형식(론도, 소나타 형식, 연음 방식) • 여러 가지 악기의 종류와 음색 • 악곡의 특징(시나위, 수제천, 예술가곡, 교향곡 등) • 연주 형태에 따른 악곡의 종류(독창곡, 중창곡, 합창곡, 독주곡, 실내악곡, 관현악곡, 병주곡, 합주곡 등)
생활화	• 음악을 즐기는 태도 갖기 • 우리 음악의 가치 인식하기 • 학교 내외의 음악 행사에 참여하기 • 학교 내외에서 음악 발표하기 • 생활 속에서 음악 활용하기 • 사회 속에서 음악의 역할 탐구하기

■ 중학교 3학년

영역	내용 요소
활 동	• 악곡의 특징을 살려 표현하기 • 지휘에 맞추어 표현하기 • 악보 보고 표현하기 • 가곡, 민요 부르기 • 판소리 한 대목 듣고 따라 부르기 • 다른 나라(아메리카) 노래 부르기 • 간단한 3부 합창 • 가락 악기 연주하기 • 합주하기 • 즉흥적으로 표현하기 • 다양한 형식의 가락 짓기 • 다양한 매체를 활용하여 음악 재구성하기 • 디지털 매체를 활용하여 음악 만들기 • 악곡의 내용과 사회적, 문화적 맥락을 파악하며 감상하기 • 여러 문화권의 음악 비교하며 감상하기 • 다른 예술과의 관련성 탐색하기
이 해	• 여러 가지 장단 • 형식(주제와 변주, 푸가, 확대 형식) • 시대에 따른 악곡의 종류 (근·현대 전통 음악, 공통 관습 시대의 음악, 현대 음악 등)
생활화	• 음악을 즐기는 태도 갖기 • 우리 음악의 가치 인식하기 • 학교 내외의 음악 행사에 참여하기 • 학교 내외에서 음악 발표하기 • 생활 속에서 음악 활용하기 • 사회 속에서 음악의 역할 탐구하기

교육과정 해설서에는 학습목표에 대해 어떤 학습내용을 다루어야 하는지 학년별로 자세하게 제시하고 있다. '이해' 영역의 학습목표와 해설의 일부를 살펴보면 다음과 같다.

---

② 형식을 이해하고 설명할 수 있다.

형식은 악곡의 구조를 결정하는 원칙과 질서이다. 형식에 대한 학습은 음악의 통일성 및 다양성의 원리 그리고 변형 및 전개의 양상 등 음악의 전체적인 구조를 이해할 수 있도록 해 준다. *중학교에서는 AB 형식, ABA 형식, 론도/소나타 형식, 전통음악의 연음 방식, 주제와 변주, 푸가, 확대 형식이 제시되어 있다.*

영역＼학년	7학년	8학년	9학년
이해	AB 형식, ABA 형식	론도/소나타 형식 연음 방식	주제와 변주, 푸가, 확대 형식

〈교육인적자원부 고시 제 2007-97호에 따른 중학교 교육과정 해설서 중〉

위의 해설에 따르면 중학교 과정에서는 '형식'이라는 영역을 각 학년에 적합한 내용을 다루도록 제시하고 있다. 즉, 1학년 음악에서는 'AB 형식, ABA 형식'을, 2학년에서는 '론도/소나타 형식 및 전통음악의 연음 방식'을, 그리고 3학년에서는 '주제와 변주, 푸가, 확대 형식'을 제시한다. 따라서 각 학년에 맞는 형식을 학생들에게 제시함으로써 순차적으로 형식에 대한 이해를 높여 나가는 것이 바람직하다.

또한 전통음악의 '연음 방식'은 악곡의 주선율이 길게 이어질 때 한 악기가 연주하던 선율을 다른 악기(들)가 이어받아 연주하는 것이기 때문에 연음이 일어나는 부분은 실음을 통해 이해할 수 있도록 지도한다.

✎ 고등학교 음악

■ 음악

영역	내용 요소
활 동	• 악곡의 특징을 살려 표현하기 • 지휘에 맞추어 표현하기 • 악보 보고 표현하기 • 가곡, 민요 부르기 • 가곡의 초장 듣고 따라 부르기 • 다른 나라(아프리카 등) 노래 부르기 • 3부 합창 • 가락 악기 연주하기 • 합주하기 • 즉흥적으로 표현하기 • 다양한 형식의 가락 짓기 • 다양한 매체를 활용하여 음악 재구성하기 • 디지털 매체를 활용하여 음악 만들기 • 악곡의 내용과 시대적, 문화적 맥락을 파악하며 감상하기 • 여러 문화권의 음악 비교하며 감상하기 • 다른 예술과의 관련성 탐색하기
이 해	• 여러 가지 장단 • 형식(다악장 형식) • 악곡의 종류(단성 음악, 다성 음악, 화성 음악, 현대 전통 음악, 예술 음악, 대중음악 등)
생활화	• 음악을 즐기는 태도 갖기 • 음악의 가치 인식하기 • 학교 내외의 음악 행사에 참여하기 • 학교 내외에서 음악 발표하기 • 생활 속에서 음악 활용하기 • 사회 속에서 음악의 역할 탐구하기

음악 교육과정 이해하기(고등학교-음악)

　교육과정 해설서에는 학습목표에 대해 어떤 학습내용을 다루어야 하는지 제한적으로 제시하고 있다. '창작' 영역의 학습목표와 해설의 일부를 살펴보면 다음과 같다.

---

② 다양한 형식의 가락을 지을 수 있다.

가락은 높낮이가 서로 다른 음들의 연속적인 흐름이다. 가락의 요소에는 음의 높낮이, 음의 진행 방향, 가락 꼴, 조성 등의 세부 요소들이 관계한다. 학생들은 가락 짓기 활동을 통해 음악적 상상력과 표현력을 기를 수 있다.
중학교에서 '다양한 형식의 가락 짓기'가 한 도막과 두 도막을 포함하여, 그 이상의 형식이나, 보다 자유로운 형식에 의한 가락 짓기 활동을 포함하고 있다면, 고등학교에서는 중학교 과정에서 학습했던 형식들을 토대로 하여 *세 도막 형식의 가락 짓기, 변주곡 형식 만들기 등 자유롭고 다양한 형식으로 가락 짓기*를 할 수 있도록 지도한다.

〈교육인적자원부 고시 제 2007-97호에 따른 고등학교 교육과정 해설서 중〉

　음악에서는 음악을 만드는 창조적 활동을 통해 음악적 상상력과 창의적 표현 능력을 기르는 것을 목적으로 하기 때문에 학생들의 창의력을 발달시켜 주기 위해서 교사는 무엇보다도 학생의 생각을 존중해 주어야 하고, 또한 학생 개개인이 음악을 개성 있게 표현할 수 있는 다양한 기회를 제공해 주어야 한다.

　따라서 다양한 형식의 가락을 짓는 과정은 학생들의 창조적 활동이 무엇보다도 중시되어야 하며, 다만 위의 해설에 따라 주어진 조건(세 도막 형식 또는 변주곡 형식)을 충족시켜 창작하는 법을 익히게 하는 것이 바람직하다.

■ 음악의 이해

영 역	내 용
음악 이론	• 소리의 속성 • 다양한 기보법 체계 • 음악의 요소와 구성 원리 • 악기의 분류 체계와 특성 • 음악 이론을 연주, 창작 및 해석에 적용
음악사	• 한국 음악의 역사 • 동양 음악의 역사 • 서양 음악의 역사 • 음악사를 연주, 창작 및 해석에 적용

실전 Tip 3 음악 교육과정 이해하기(고등학교-음악의 이해)

교육과정 해설서에는 학습목표에 대해 어떤 학습내용을 다루어야 하는지 제한적으로 제시하고 있다. '음악의 이해' 영역의 학습목표와 해설의 일부를 살펴보면 다음과 같다.

---

② 소리의 속성을 이해하고 이를 설명할 수 있다.

• 소리의 속성과 관련된 이론을 학습하고 전통음악과 서양음악에 사용된 소리의 속성을 비교하여 이해한다.

소리의 속성은 음악의 재료인 소리의 물리적, 음향적 속성을 의미한다. 따라서, 소리의 속성에 관한 이론은 기초 음향 이론과 동일한 개념으로써 소리의 발생 및 전달 원리, 소리의 종류(순음, 악음, 소음 등), 소리의 성질(높이, 길이, 세기, 음색 등), 배음, 음률(temperament)에 관한 이론을 포함한다. *그리고 전통음악에서 소리의 속성과 서양음악의 소리의 속성이 어떻게 다른지 비교하면서 이해하는 노력이 필요하다.*

〈교육인적자원부 고시 제 2007-97호에 따른 고등학교 교육과정 해설서 중〉

위의 해설에 따르면 '음악의 이해' 영역에서는 소리가 발생하는 원리와 사람에게 전달되는 과정, 사람이 반응하는 물리적(physical)·신경 생리적(neuro-physiological)·심리적(psychological) 특성을 이해할 수 있도록 지도하는 것이 바람직하다.

또한 전통음악의 경우 소리의 재료, 음색, 성질, 기법 등 소리의 속성에 대하여 이해한다. 즉, 다른 나라의 음악과 비교하여 소리를 만드는 재료가 다르기 때문에 음빛깔(음색)이 다르고(예 : 식물성 재료에서 나는 음색), 선호하는 소리의 성질이 다르다.

그리고 서양의 12음에 해당하는 12율을 만드는 방법을 전통음악에서는 '삼분손익법'이라고 하는데, 서양의 순정율, 평균율과 비교하여 서로 어떻게 다른 것인지를 비교하며 이해하여야 한다. 따라서, 국악에서 소리의 속성을 서양 음악의 속성과 어떻게 다른지 비교하면서 이해하는 것이 바람직하다.

■ 음악 실기

대영역	중영역	내 용
노래 부르기	독창하기	• 바른 자세와 정확한 발음, 풍부한 발성 • 악곡의 특징과 분위기 표현 • 다양한 시대와 문화권의 악곡
	중창하기	• 다양한 종류의 악곡 • 여러 성부 간의 균형과 조화
	합창하기	• 2부 합창, 3부 합창, 혼성 4부 합창 • 지휘에 맞추어 음량, 음색, 성부의 어울림 등 음악적 통일감을 표현
악기 연주하기	독주하기	• 바른 자세와 정확한 주법, 좋은 음색 • 기악곡의 특징과 분위기 표현 • 다양한 시대와 문화권의 음악
	중주하기	• 다양한 종류의 음악 • 여러 성부 간의 균형과 조화
	합주하기	• 다양한 형태의 음악 • 지휘에 맞추어 음량, 음색, 성부의 어울림 등 음악적 통일감을 표현
음악 만들기	즉흥 표현하기	• 다양한 음악적 소재를 활용한 즉흥 표현 • 자신의 수준에 맞는 즉흥 표현
	작곡하기	• 다양한 음원을 활용한 곡 만들기 • 그림, 기호, 악보 등으로 음악을 만들기
	컴퓨터 음악하기	• 컴퓨터를 사용한 즉흥 연주 • 컴퓨터를 사용한 음악
	음악극 만들기	• 장면에 어울리는 음악극 만들어 표현 • 다양한 종류의 음악극 만들어 표현
음악 감상하기	공연 음악 듣기	• 공연장이나 축제 현장을 찾아 음악 듣기 • 다양한 시대와 문화권의 음악 듣기 • 공연장에서 지켜야 할 바람직한 태도 기르기
	매체 음악 감상하기	• 다양한 매체를 통해 음악 감상하기 • 자신이나 동료가 연주하는 음악 듣기

■ 음악과 사회

영 역	내 용
개인과 음악	• 개인 생활에서의 음악의 역할과 가치 • 개인 생활을 위한 음악의 종류 • 개인 생활을 위한 음악을 노래하고 연주하며 만들기
공동체와 음악	• 공동체에서의 음악의 역할과 가치 • 공동체를 위한 음악의 종류 • 공동체를 위한 음악을 노래하고 연주하며 만들기
세계와 음악	• 다양한 지역 음악의 역할과 가치 • 다양한 지역 음악의 종류 • 세계의 음악을 노래하고 연주하기
음악의 생성과 향유	• 음악의 생산 과정 • 음악의 소비 과정 • 음악 산업의 의미와 특성 • 역사적 맥락에서 음악의 역할과 가치

❷ 중학교 미술(7, 8, 9학년)

대영역	중영역	소영역	성취기준
미적 체험	(1) 자연 환경 자연 환경과 시각 문화 환경의 조화에 관하여 이해하기	• 자연의 아름다움을 활용한 생활 용품, 생활공간, 영상물 등을 찾아보기 • 자연과 시각 문화 환경이 조화를 이룰 수 있는 조건에 관하여 토론하기	자연 환경과 시각 문화 환경의 관계를 이해한다.
			자연의 아름다움을 활용한 시각 문화 환경의 예를 찾을 수 있다.
			자연 환경과 시각 문화 환경의 조화에 관심을 갖는다.
	(2) 시각 문화 환경 시각 문화 환경의 기능과 역할을 이해하기	• 인간 생활을 고려하여 설계된 생활용품, 생활공간, 영상물 등을 찾아보기 • 생활 속에서 미술이 활용되는 분야에 관하여 토론하기	시각 문화 환경에서 기능과 형태의 관계를 이해한다.
			인간 생활을 고려한 시각 문화 환경의 예를 찾을 수 있다.
			생활 속에서 미술의 활용에 관심을 갖는다.

표현	(1) 주제 표현 주제의 특징과 목적을 효과적으로 표현하기	• 다양한 관점에서 주제를 나타내기 • 의도와 목적을 생각하여 나타내기 • 다른 교과 또는 행사와 관련하여 나타내기	주제의 특징과 목적을 안다.
			주제의 특징과 목적을 표현할 수 있다.
			다양한 관점에서 주제를 탐색하는 데 관심을 갖는다.
	(2) 표현 방법 여러 가지 재료와 용구, 표현 방법을 사용하여 주제를 효과적으로 표현하기	• 재료와 용구, 표현 방법 등을 탐색하여 주제의 특징과 목적을 나타내기 • 사진, 영상 등의 새로운 매체와 표현 방법을 탐색하여 나타내기	주제의 특징과 목적에 알맞은 재료와 용구, 표현 방법의 종류와 특징을 이해한다.
			주제의 특징과 목적에 맞는 재료와 용구, 표현 방법을 탐색하여 표현할 수 있다.
			새로운 매체와 표현 방법을 활용하여 주제를 표현할 수 있다.
			새로운 매체와 표현 방법의 탐색에 관심을 갖는다.
	(3) 조형 요소와 원리 조형 요소와 원리를 활용하여 주제의 특징과 목적을 효과적으로 표현하기	• 주제의 특징을 표현하는 데 효과적인 조형 요소와 원리로 나타내기 • 목적에 적합한 조형 요소와 원리를 탐색하여 나타내기	주제의 특징과 목적에 적합한 조형 요소와 원리를 안다.
			주제의 특징과 목적에 적합한 조형 요소와 원리를 탐색하여 표현할 수 있다.
			주제의 특징과 목적에 적합한 조형 요소와 원리를 활용하는데 관심을 갖는다.
	(4) 표현 과정 표현 의도에 알맞은 표현 과정을 계획하기	• 표현 의도에 알맞은 주제, 재료와 용구, 표현 방법 등을 계획하여 나타내기 • 표현 과정에서 문제를 해결하는 방법을 찾아보기	표현 의도에 알맞은 표현 과정을 이해한다.
			표현 의도에 알맞은 주제, 재료와 용구, 표현 방법 등을 계획하여 표현할 수 있다.
			표현 과정에서 문제를 해결하는 데 관심을 갖는다.

감상	(1) 미술 작품 미술 작품의 사회적, 문화적 의미를 해석 하고 감상하기	• 미술 작품의 시대별, 지역별, 양식별 특 징을 이해하기 • 미술가와 작품의 역 할 이해하기 • 미술사에 관련된 용 어와 지식을 활용하 여 작품의 의미를 설명하기	미술 작품의 시대별, 지역별, 양 식별 특징을 이해한다.
			미술의 사회적, 문화적 의미를 이 해한다.
			미술사 지식과 관련 용어를 활용하 여 작품의 의미를 설명할 수 있다.
			다양한 관점으로 미술 작품을 감 상하는 태도를 갖는다.
	(2) 미술 문화 미술 문화의 기능과 역할을 이해하기	• 전통 미술의 현대적 의미를 찾아보기 • 지역 미술 발전을 위 한 미술관, 박물관, 전시장 등의 역할을 이해하기	현대사회에서 전통 미술의 의미 를 이해한다.
			지역의 미술관, 박물관. 전시장 등 의 기능과 역할을 설명할 수 있다.
			미술 문화의 기능과 역할에 관심 을 갖는다.

실전 Tip 1 **미술 교육과정 이해하기 (중학교)**

교육과정 해설서에는 학습목표에 대해 어떤 학습내용을 다루어야 하는지 제한
적으로 제시하고 있다. '표현' 영역의 학습목표와 해설의 일부를 살펴보면 다음과
같다.

---

3) 조형요소와 원리

> 조형요소와 원리를 활용하여 주제의 특징과 목적을 효과적으로 표현한다.
> ① 주제의 특징을 표현하는데 효과적인 조형 요소와 원리로 나타내기
> ② 목적에 적합한 조형 요소와 원리를 탐색하여 나타내기

작품에 사용된 선, 형, 색, 질감, 동세, 균형, 비례 등은 화면에 질서를 만들어 주고
작품의 주제나 의도를 전달하게 된다. 따라서 주제나 의도를 전달하는데 조형 요소와
원리를 적합하게 활용하는 조형 능력은 표현에서 가장 기본적이고 중요하다.

〈교육인적자원부 고시 제 2006-75호 및 제 2007-97호에 따른 중학교 교육과정 해설서 중〉

위의 해설에 따르면 중학교 미술에서는 초등학교에서 익힌 조형 요소와 원리에 대한 이해를 바탕으로 표현에 효과적으로 활용하는 데에 중점을 두어야 한다.

따라서 점, 선, 면, 형, 명암, 양감, 질감, 통일, 변화, 균형, 대칭, 비례, 율동, 점증, 동세, 대비, 유사, 강조 등 각각의 조형 요소와 원리에 대한 이해와 적용, 분석, 종합하는 능력을 평가하는 문항을 다룰 수 있다.

❂ 고등학교 미술(10학년)

대영역	중영역	소영역	성취기준
미적 체험	(1) 자연 환경 자연 환경과 조형 의식의 관계를 이해하기	• 자연 환경에 따른 조형의식의 변화에 관하여 알아보기 • 생태 환경을 조성하기 위한 방안에 관하여 토론하기	자연 환경이 조형 의식에 미치는 영향을 이해한다.
			자연 환경에 따라 조형 의식이 변화하는 예를 찾을 수 있다.
			조형 활동에서 환경 문제에 관심을 갖는다.
	(2) 시각 문화 환경 시각 문화 환경의 사회적, 문화적 가치를 판단하기	• 시각 문화 환경이 생활양식과 사고방식에 끼치는 영향에 관하여 알아보기 • 시각 문화 환경의 다양한 변화와 다양한 미술관련 직업에 관하여 토론하기	다양한 시각 문화 환경 속에 담겨 있는 사회, 문화적 의미를 이해한다.
			시각 문화 환경에 따라 생활양식과 사고방식이 변화하는 예를 찾을 수 있다.
			시각 문화 환경 속에서 미술관련 직업의 예를 찾을 수 있다.
			사회와 문화의 변화에 따른 시각 문화 환경의 가치에 관심을 갖는다.

표 현	(3) 주제 표현 새로운 주제, 표현 방법, 매체를 활용 하여 표현하기	• 개인적, 사회적, 문 화적 의미를 주제 로 나타내기 • 여러 가지 목적, 조 건, 효과 등을 고려 하여 나타내기 • 재료와 용구를 확 장해서 다양한 표 현 방법이나 매체 로 나타내기 • 다른 교과 또는 행 사와 관련하여 나 타내기	새로운 주제, 표현 방법, 매체를 이 해한다.
			여러 가지 의미, 목적, 조건, 효과를 고려하여 주제를 표현할 수 있다.
			재료와 용구를 확장해서 다양한 표 현 방법이나 매체를 활용하여 표현 할 수 있다.
			새로운 주제, 방법, 과정을 발견하고 활용하는 데 관심을 갖는다.
	(4) 표현 과정 표현 과정을 살펴 보고 다음 계획에 반영하기	• 포트폴리오를 제작 하기 • 표현 과정에 대한 평가를 새로운 작 품의 계획에 반영 하여 나타내기	표현 과정의 기록 방법과 중요성을 이해한다.
			표현 과정에 대한 평가를 새로운 작 품 계획에 반영하여 나타낼 수 있다.
			표현 과정의 기록과 평가 활동에 관 심을 갖는다.
감 상	(1) 미술 작품 미술 작품의 다양 한 가치를 판단하 고 감상하기	• 시대와 지역에 따른 표현 양식과 미적 가치를 이해하기 • 미술 작품의 다양 한 가치에 관하여 토론하기 • 비평의 형식을 알 고 비평문 쓰기	시대와 지역에 따른 미술 작품의 표 현 양식과 미적 가치를 이해한다.
			미술 작품의 다양한 가치를 판단할 수 있다.
			비평의 형식을 알고 비평문을 작성 할 수 있다.
			미술 작품의 가치를 존중하는 태도 를 갖는다.
	(2) 미술 문화 미술 문화의 가치 를 이해하고 발전 방안을 모색하기	• 전통 미술의 계승 과 발전 방안을 찾 아보기 • 전시 활동을 중심 으로 하는 지역 문 화의 발전 방안을 모색하기	전통 미술의 계승과 발전의 중요성 을 이해한다.
			지역 문화의 발전 방안을 모색할 수 있다.
			지역 문화에서 미술의 가치를 이해하 고 미술 문화 발전에 관심을 갖는다.

미술 교육과정 이해하기(고등학교)

교육과정 해설서에는 학습목표에 대해 어떤 학습내용을 다루어야 하는지 제한적으로 제시하고 있다. '표현' 영역의 학습목표와 해설의 일부를 살펴보면 다음과 같다.

---

1) 주제 표현

> 새로운 주제, 표현 방법, 매체를 활용하여 표현한다.
> ① 개인적, 사회적, 문화적 의미를 주제로 나타내기
> ② 여러 가지 목적, 조건, 효과 등을 고려하여 나타내기
> ③ 재료와 용구를 확장해서 다양한 표현 방법이나 매체로 나타내기
> ④ 다른 교과 또는 행사와 관련하여 나타내기

작품을 제작하는 목적, 작품 제작의 여러 가지 조건, 작품의 효과 등을 고려하여 주제를 선정하도록 한다. 익숙한 표현 재료나 용구를 사용할 뿐만 아니라 이를 변형시켜 스스로의 방법을 발견하거나 새롭게 도입되는 매체들을 적극적으로 활용하여 표현하도록 한다.

〈교육인적자원부 고시 제 2007-97호에 따른 고등학교 교육과정 해설서 중〉

위의 해설에 따르면 초등학교와 중학교 단계에서는 주제, 표현 방법, 조형 요소와 원리, 표현 과정의 각 요소별로 기초적인 이해와 적용을 충실하게 학습하는 것이라면, 고등학교 미술에서는 각각의 영역에서 배운 것을 발전시켜 스스로 주제, 방법, 과정을 발견하고 이를 통해 작품으로 발전시킬 수 있도록 한다.

따라서 주제의 특징과 목적에 알맞은 재료와 용구, 표현 방법의 종류와 특징을 평가 문항으로 구성할 수 있으며, 소묘, 채색화, 인물화, 정물화, 풍경화, 판화, 상상화, 추상화, 한국화, 서예 등 여러 가지 소재와 재료, 표현 방법에 따른 표현 특징 을 평가 문항으로 다룰 수 있다.

✎ 미술과 삶

대영역	중영역	소영역
(1) 미술의 기능	(개) 미술과 언어	① 미술의 개인적 표현과 사회적 소통기능 이해하기 ② 개인적 의미와 현대의 사회적 현상 등을 시각 이미지나 미술 작품으로 제작하기
	(내) 미술과 디자인	① 생활을 디자인하고 개선하는 미술의 기능 이해하기 ② 생활 용품, 생활공간 등을 계획하고 제작하기
(2) 미술의 변천	(개) 미술의 의미	① 시대별, 지역별 미와 미술의 시각 변화 이해하기 ② 미와 미술의 다양한 시각을 보여 주는 작품 제작하기
	(내) 미술과 테크놀로지	① 테크놀로지의 발달에 따른 미술의 변화 이해하기 ② 새로운 재료와 매체를 활용하여 작품 제작하기
(3) 미술의 확장	(개) 미술과 직업	① 다양한 직업에서 미술의 활용 조사하기 ② 진로와 관련된 직업군을 조사하고 진로 계획 세우기
	(내) 미술과 통합	① 미술과 다른 분야와의 통합의 의미 이해하기 ② 다양한 통합 방안을 미술에 적용하기

✎ 미술 감상

대영역	중영역	소영역
(1) 관찰과 반응	(개) 직관적 감상	① 미술 용어를 활용하여 미적 대상에 대한 느낌과 생각을 이야기하기 ② 감상 대상에 대한 느낌과 생각의 차이에 대하여 토론하기
	(내) 현장 체험	① 생활 주변, 미술관, 박물관, 작가 스튜디오 등에서 미술을 감상하기 ② 학교 및 지역 미술 행사에 관심 갖고 참여하기

(2) 분석과 해석	㈎ 조형적 특성 이해	① 조형 요소와 원리, 재료와 기법 등을 분석하기 ② 작가 양식, 시대 양식, 민족양식 등에 대하여 알아보기 ③ 감상 대상의 형식적, 양식적 특성에 기초하여 정보를 해석하기
	㈏ 미술가 탐구	① 미술가에 대한 정보 수집하기 ② 미술가의 개인적 경험, 성장 배경, 표현 특성의 관계 이해하기 ③ 미술가가 지역, 사회, 미술계에 미치는 영향 해석하기
	㈐ 맥락적 이해	① 시대별, 지역별 미술의 특성 비교 분석하기 ② 감상 대상을 역사, 정치, 경제, 사회, 문화적 맥락에서 해석하기 ③ 시간, 장소, 환경에 따른 감상 대상의 의미 변화 이해하기
(3) 판단과 활용	㈎ 미술 비평	① 미술이나 미술가에 대한 비평의 관점에 대하여 토론하기 ② 비평 관점을 활용하여 비평문 작성하기
	㈏ 감상의 활용	① 주제가 있는 전시 기획하기 ② 감상 대상에 대한 이해와 판단을 보여 주는 작품 감상집, 포트폴리오 등을 제작하기

실전 Tip 3   미술과 선택 과목 교육과정 이해하기(고등학교 미술 감상)

교육과정 해설서에는 학습목표에 대해 어떤 학습내용을 다루어야 하는지 제한적으로 제시하고 있다. '감상' 영역의 학습목표와 해설의 일부를 살펴보면 다음과 같다.

(가) 조형적 특성 이해

> 감상 대상의 조형적 특성을 다양한 관점에서 분석하고 해석한다.
> ① 조형 요소와 원리, 재료와 기법 등을 분석한다.
> ② 작가와 민족 및 시대에 따른 특성과 양식에 대하여 알아본다.
> ③ 감상 대상의 형식적, 양식적 특성에 기초하여 정보를 해석한다.

조형적 특징을 통하여 미술 작품과 미술 현상을 이해하는 또 다른 방식은 양식(樣式,style)을 통한 분석 방법이다. 교사는 먼저 양식의 개념과 예시 사례에 대해 설명한 뒤에 이를 바탕으로 학생이 대상의 조형적 특성과 시대적, 지역적, 배경에 대해 분석하고 예술적 가치와 의의를 해석하도록 지도할 수 있다.

〈교육인적자원부 고시 제 2007-97호에 따른 고등학교 교육과정 해설서 중〉

양식은 개별 작가, 특정 시대와 지역, 민족의 미술을 이해하는 토대로서 미술사학 분야에서 중요한 분석 방법이 되어왔다. 고대 그리스를 상고기, 고전기, 헬레니즘기 등으로 구분하거나 서양 미술의 역사를 르네상스, 바로크, 로코코 등으로 분류하는 개념을 모두 양식에 따른 것이다.

따라서 양식은 민족이나 지역의 문화적 정체성을 파악하는 데 있어서 중요한 단서로 작용하기에 양식의 의의와 특징을 이해하고 분석하는 내용으로 좋은 문항을 구성할 수 있을 것이다.

미술 창작

대영역	중영역	소영역
(1) 주제와 발상	(가) 표현 주제	① 문화적 맥락에서 주제, 상징, 아이디어의 변천, 유사점과 차이점을 이해하기 ② 작품에 나타난 상징성을 현대의 시각에서 재해석하고 표현하기
	(나) 발상과 표현	① 발상의 기본 원리와 방법을 이해하기 ② 다양한 발상 방법을 활용하여 표현하기
(2) 매체와 표현	(가) 평면 표현	① 평면 표현의 재료와 용구, 제작 과정 등을 이해하고 표현하기 ② 평면 표현의 특징을 살려 작품을 제작하고 발표하기
	(나) 입체 표현	① 입체 표현의 재료와 용구, 제작 과정 등을 이해하고 표현하기 ② 입체 표현의 특징을 살려 작품을 제작하고 발표하기
	(다) 매체의 확장	① 전통 미술과 현대 미술의 재료와 기법을 이해하고 발전시켜 표현하기 ② 새로운 매체를 탐색하여 표현에 적용하기
(3) 분석과 적용	(가) 작품 분석	① 작품의 제작 의도를 파악하고 재료와 표현 방법을 분석하기 ② 작품 분석을 통해 조형 방식의 차이와 소통의 의미를 파악하기
	(나) 작품의 재발견	① 서로의 작품을 평가하고 개선 방안에 대하여 토론하기 ② 작품 평가에서 얻은 개선점을 바탕으로 새로운 작품을 구상하고 제작하기

예시문항 Over View

가. 예시문항 제작 단계 유형

A유형(예시문항 : 01~02)	B유형(예시문항 : 03~20)
• 평가요소 • 문항초안 작성 [Tip1] • 문항검토 컨설팅 • 최종문항 완성 • 창의력 평가 FOCUS • 학생 반응사례 및 인정 범위 설정 [Tip2] • 채점 후 협의 [Tip3] • 창의력 학습 FOCUS	• 평가요소 • 예시문항 • 학생 반응사례 및 채점기준 • 창의력 학습 FOCUS
〈특징〉 • 학생들의 반응 자유도를 사전 예측·통제하고, 명확한 채점기준표를 작성할 수 있는 서술형 문항 제작과정 예시 • 동료교사의 의견에 대한 허용적 자세와 문항에 대한 비판적 시각을 통해 문항의 완성도, 타당도, 신뢰도를 높일 수 있는 **컨설팅 과정을 상세히 묘사한 제작 유형** • 서술형 평가 목적의 핵심의 학생의 발산적 사고 능력 향상을 위한 창의력 학습 FOCUS 제시	〈특징〉 • 일선현장의 교사들에게 교과별 다양한 서술형 문항 유형을 간편하게 소개 • 문항제작 시 쉽게 실수할 수 있는 사례 소개를 통해 문항 완성도를 향상시키는 내용 소개 • 문항별 다양한 학생 답안 반응사례와 채점기준 예시 • 학생의 발산적 사고 능력 향상을 위한 창의력 학습 FOCUS 제시

문항 제작 실전요령

소요시간을 정확히 산정한다.
- 풀이과정(서술내용)을 전개하는 것은 답안 작성에 많은 시간을 소요시키므로 학생 입장에서 풀이과정(서술내용) 소요시간을 정확히 산정해야 한다.
- 교과협의를 통해 풀이과정(서술내용)에서의 음악적 개념 및 기본능력을 중심으로 한 핵심요소를 정하고 그 기준에 따라 평가하는 것을 권장한다.
- 음악적 개념 및 기본능력을 중심으로 하나의 항목씩 서술하도록 서술형 문항을 구성하되, 소요시간을 한정시키기 위해 답안이 나오게 된 이유, 원인, 근거 또는 풀이과정의 일부를 전개하도록 답안을 제한할 수도 있다.

한 개의 문항 장면 안에 최소한의 하위문항을 제시한다.
- 주어진 50분 동안 배점의 80%이상의 객관식 문항도 해결해야 한다는 것을 고려하자.
- 작성시간까지 고려하여 하위문항 한 개당 대략 5분 안에 해결될 수 있는 것이 적절하다.
- 한정된 평가요소에 배점이 치중되지 않도록 유의하자.

검증된 문항을 사용해보자.
- 고입 연합평가, 국가 수준 학업 성취도 평가, 경기도 학업 성취도 평가의 기출 문제들을 활용하자.
- 기출문제들의 선다형 문항의 보기 내용들은 좋은 서술형 답안이 될 수 있다.
- 기출문제 중 문제풀이형의 경우 문제의 풀이 단계별로 하위문항으로 구성하여 제시함으로써 학생들에게 평가이자 학습이 되는 기회를 제공할 수 있다.

객관식으로 평가하기 어려운 평가요소를 출제하자.
- 악보를 그리거나 해석하는 문항, 문항 곤란도가 높은 문항의 풀이과정의 일부

분을 서술하는 문항, 음악적 분석능력을 평가하는 문항을 출제하자.
- 객관식 문항과 서술형 문항을 통해 학생의 학습능력을 더욱 정확하고 세부적으로 파악할 수 있다.

서술형 문항의 유형과 발문 예시를 분류하면 다음과 같다.
- 지식 서술형 : 정의(의의)를 쓰시오.

  특징을 쓰시오.

  표현 방법(요령)에 대하여 쓰시오.
- 내용 완성형 : ~에 알맞은 말(내용)을 쓰시오.
- 내용 수정형 : ~을 바르게 고치시오.
- 비교 분석형 : 두 작품을 비교하여 서술하시오.

답안은 OMR카드 뒷면이나 별도의 답안지를 활용할 수 있다.
- 음악과 서술형 문항의 답안은 분량과 유형에 따라 답안지의 두 유형이 있다.
- OMR카드 뒷면을 활용하는 경우는 비교적 서술할 분량이 간단하며 길지 않을 때이다.
- 별도의 서술형 답안지를 활용하는 경우는 교과협의를 통해 음악과에 적합한 양식을 만들고 학교의 학업성적관리 위원회의 심의를 거쳐 활용하는 것이 바람직하다. 이 경우는 OMR카드 뒷면을 활용하는 문항보다 답안의 분량이 더 길거나 문항곤란도가 높은 문항에 적합하다. 단, 별도의 서술형 답안지는 시험 준비과정, 시험 진행, 답안지 관리상에 여러 문제점이 있으므로 철저히 준비하는 것이 바람직하다.

답안 반응사례 및 이의제기 줄이기 실전요령

문항 컨설팅은 문항제작의 필수과정이다.

• 원안지에 의견을 적어 교환하는 형태보다는 동교과 교사가 한자리에 모여서 실시하는 것을 권장한다.
• 문항의 완성도는 컨설팅 질에 의해 결정된다.
• 출제 문항과 기존 기출문제들을 꼼꼼히 비교해보자.
• 컨설팅 의견을 긍정적으로 받아들이자.

수업 중 서술형 형성평가를 실시하자.

• 각 단원이 끝날 때마다 단원별 필수학습요소를 평가요소로 하는 서술형 형성 평가를 구성하여 학생들에게 제시하자. 이로써 학생들에게 서술형 문항의 채점기준을 이해할 수 있는 기회를 제공할 수 있다.
• 정기고사에서 평가하고자 하는 문항과 유사문항을 형성평가의 형태로 수업 중 실시하고, 학생들에게 기본답안을 제시해준다.
• 평가요소와 무관한 학문적 표현, 약속 등을 서술형 형성평가로 연습시킴으로써, 학생 답안의 자유도가 제한될 뿐만 아니라 학생들은 올바른 서술방법을 배울 수 있다.

서술형 문항에 "답안 작성 시 유의사항"을 기재하자.

• 부분점수 부여되니, 자세히 서술하시오.
• 답안 작성은 반드시 서술형 답안지의 해당란에 검정색 또는 파란색 볼펜으로 작성하시오.
• 악보에 4음음표로 표기하고, 화음기호는 대문자로 나타내시오.
• 답이 원어인 경우, 대소문자를 구분하여 나타내시오.

성취수준 미달 학생 지도하기

- 평가의 주요 목적은 "교육과정에서 제시하는 학습목표를 학생이 성취하였는 가?"의 여부를 측정하는 것이다. 따라서 문항평가 후 평가요소에 대한 성취수 준 미달 학생을 지도하는 과정은 매우 중요한 요소이다.

- 성취수준 미달 학생 지도는 개념 미달성 학생의 사고를 분석하는 것부터 시작 해야 한다. 그러므로 평가 후 학생 오반응 답안을 파악하는 것은 학생 사고를 분석하는 데 매우 효과적이다. 반응 사례를 통해 주요 오반응 사례를 추출하 고, 이를 바탕으로 수업내용(지도내용)을 재구성하여 학생들에게 피드백 한다.

나. 예시문항 분류

1) 체육

구분	서술형 문항 유형				
	지식	이해	적용	분석	추론
중	03	06	04		01
	07		05		
	10		08		
고	12	11	10	02	15
		16	13	14	

2) 음악

구분		서술형 문항 유형			
		지식	이해	분석	적용
중	활동	06전통기악곡		05리코더연주	07장구장단
	이해		01판소리	02악곡분석	03화음밖의음 04반주음형
		09민요형식	11마침법	08악곡형식	10마침꼴합창
	생활화	13서양기악곡			12조성
고	음악	14음악사		15민요의 종류	
	음악실기				16합창성부
	음악과 사회				
	음악의 이해				

3) 미술

구분		서술형 문항 유형			
		지식	이해	적용	분석
중	표현	09		03, 07	08
	감상	06	01, 04	05	
고	미술	15	12		
	미술과 삶			10	
	미술 감상	14	16, 17	11	
	미술 창작	02, 13			

체육·예술영역 서술형 평가
Road View

part
07

가. 체육 Road View 예시

| 01 | **[중3] 기계체조-철봉** |

평가요소 선정

- ☻ 필수학습요소 중 특정요소(평가요소)를 선정한다.
- ☻ 평가요소는 문항의 내적 타당도와 직결된다는 점을 인식하고 평가 요소를 추출한다.

- ☻ (예시) '도전 활동으로서의 기계체조 경기를 통해 도전의 의미를 이해하고 생활 속에서 실천한다.'의 필수학습요소 중 평균대 경기규칙에 대해 서술할 수 있는 능력을 평가요소로 선정한다.

문항초안 작성

⊛ 문제장면, 답안조건, 평가요소 설정
  문항제작의 가장 중요한 요소이다. 문제장면이 명확하지 않으면 학문적 오류가
  발생하고, 답안조건이 한정되지 않으면 학생답안의 자유도를 증가시켜 채점이
  어렵고, 평가요소가 불분명하면 다양한 인정답안이 발생할 수 있다.
⊛ 기본답안 작성, 소요시간, 배(채)점 방법, 인정답안 범위 설정(반응사례) 등을
  작성·예측한다.

⊛ 문항초안 (예시)

1. 다음은 <u>기계체조 종목에 대한 순서도</u>이다.

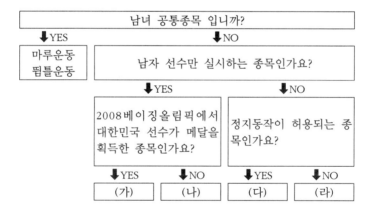

(1) (나)에 해당하는 종목의 <u>운동요소를 설명</u>하시오. [2점]

(2) (다)종목은 <u>연기 도중 3회의 정지동작이 허용된다. 이와 같은 경기규칙을</u>

   <u>두개 이상</u> 서술하시오. [3점]

⊌ 기본답안, 인정답안 범위 및 소요시간

문항		채점내용	소요시간
1-(1)	기본답안	• 오르기, 흔들기, 돌기, 버티기, 내리기	1분
	인정답안	• 없음	
1-(2)	기본답안	• 90초 이내 경기를 해야 한다. • 떨어졌을 때 10초 이내 다시 올라가야 한다. • 위에서의 연기는 평균대를 기준으로 높이의 변화가 있어야 한다. • 빠른 움직임과 느린 움직임이 혼합되어야 한다.	1분
	인정답안	• 없음	

문항검토 컨설팅

- ⊌ 문항검토 컨설팅 과정은 제작과정에서 가장 중요한 과정이다. 동료교사가 많이 참가할수록, 여러 차례 할수록 효과적이다.
- ⊌ 설정된 조건, 평가요소 정밀검토
  컨설팅 과정을 거쳐 설정된 조건이 명확하면 이의제기가 줄고, 답안조건을 제한하면 학생답안의 자유도를 최소화 할 수 있으며, 평가요소가 정확하면 인정답안을 최소화 할 수 있다. 이 때 동료교사의 의견은 출제자의 문항을 정교하게 하는 역할을 하므로 컨설팅에 긍정적인 태도로 임한다.
- ⊌ 인정답안 범위, 배(채)점의 타당성, 문제해결 소요시간의 적절성 등도 컨설팅 한다.

◉ 문제장면 컨설팅 (예시)

1. 다음은 <u>기계체조 종목에 대한 순서도</u>이다.

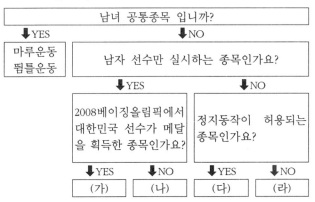

문제장면

남녀 공통종목 입니까?	
↓YES	↓NO
마루운동 뜀틀운동	남자 선수만 실시하는 종목인가요?

↓YES → 2008베이징올림픽에서 대한민국 선수가 메달을 획득한 종목인가요?
↓NO → 정지동작이 허용되는 종목인가요?

↓YES (가) ↓NO (나)   ↓YES (다) ↓NO (라)

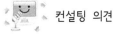 **컨설팅 의견**

의견1. 일반적으로 '다음'은 글박스 안의 내용이 특정 내용이나 항목을 선택하도록 하지 않는 글이나 내용을 지칭하는 말이다. 따라서 "순서도는 기계체조 종목에 대한 것이다. 물음에 답하시오."라 하면 더 좋을 것 같다.

의견2. (가), (나)를 도출해 낼 수 있는 발문의 내용이 2008년 이면 기억해 내기에 시간이 오래되지 않았는가?

의견3. 고등정신능력을 측정하기에 좋은 문항이지만 문제장면이 너무 복잡하지 않은가? (가), (나)에 단서를 주면 나을 것 같다.

의견4. (라)종목도 연기 도중에 정지하는 형태로 보여 지지는 않는가?

 컨설팅 결과반영

　　의견1은 발문의 형식에 관한 의견으로 문항의 완성도를 높이기 위해, 의견2, 3은 3분 이내 학생들이 발문부터 문제장면, 평가요소를 파악하고 답안을 작성하기에 시간이 부족 할 것이다. 평가 시간 안배를 위해 의견1, 2, 3을 각각 반영한다.

❻ 평가요소 컨설팅 (예시)

(1) (나)에 해당하는 종목의 <u>운동요소</u>를 설명하시오. <u>[2점]</u>

평가요소(1)   배점

(2) (다)종목은 <u>연기 도중 3회의 정지동작이 허용된다. 이와 같은 경기규칙을</u>

평가요소(2)

<u>두 개 이상</u> 서술하시오. <u>[3점]</u>

답안조건   배점

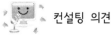 컨설팅 의견

의견1. 평가요소(1)은 운동요소의 설명인가? 운동요소에 대한 서술인가? 확실하게 발문할 필요가 있으며, 만약 서술이라면 단답형 문항으로 판단되므로 문항 수정이 요구된다.

의견2. 한 문항에 꼭 평가요소를 2개까지 두어야 하는가? 가급적 평가요소 1개로 문항을 완성하면 좋을 것 같다.

의견3. 평가요소(2)의 예시는 문맥상 어색 하지 않은가?

의견4. 답안조건과 같이 "~~에 대해 ~개 이상 서술하시오"등의 발문은 학생이 작성해야 할 내용의 가지 수에 혼란을 유발하는 부정확한 표현이다. 따라서 "~를 2개만 서술하시오."라고 한정 하는 것이 더 나을 것 같다.

 컨설팅 결과반영

의견1은 서술에 대한 것으로 정확하게 제시하였다. 평가요소의 서술은 단답형 문항으로, 의견2의 "한 문항에 가급적 평가요소 1개로 문항을 완성하자"의 의견을 반영하여 평가요소(2)만을 평가요소로 발문한다. 의견3은 문맥상 어색하여 삭제한다.

의견4는 학생에게 혼란을 주는 부정확한 표현이어 "~를 두 개만"의 의견을 반영한다.

☻ 기본답안, 인정답안 범위, 소요시간 컨설팅 (예시)

문항		채점내용	소요시간
1-(1)	기본답안	• 오르기, 흔들기, 돌기, 버티기, 내리기	1분
	인정답안	• 없음	
1-(2)	기본답안	• 90초 이내 경기를 해야 한다. • 떨어졌을 때 10초 이내 다시 올라가야 한다. • 위에서의 연기는 평균대를 기준으로 높이의 변화가 있어야 한다. • 빠른 움직임과 느린 움직임이 혼합되어야 한다.	1분
	인정답안	• 없음	

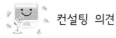 컨설팅 의견

의견1. (1)은 서술형 보다는 단답형으로 판단되므로 문항 수정이 요구된다.
의견2. (2)는 인정답안이 "없음"인데 전혀 없는 것인가? 사전에 구체적인 분석을 통하여 인정답안이 발생한다면 학생들의 반응 중에서 학문적, 언어적 오류가 없는 공통적인 요소를 선별하여 인정답안을 작성해야한다.
의견3. 문항곤란도와 답안의 길이를 고려할 때 (1), (2)는 소요시간 내에 학생들이 답하기 어렵다. 답안의 길이를 조정하든지 소요시간을 늘려야 한다.
의견4. (2)의 답안에서 부분점수가 필요하지는 않은가?

 컨설팅 결과반영

의견1을 반영하여 (1)의 문항을 삭제하고, 의견2는 인정답안이 발생하므로 인정답안의 체점내용도 마련하며, 의견3은 전체예상 소요시간이 변하지 않는 한 반영한다. 의견4는 고려해 볼 만한 내용이나 "부분점수가 필요하지 않다."는 출제자의 의견을 받아들인다.

최종문항 완성

1. 순서도는 기계체조 종목에 대한 것이다.

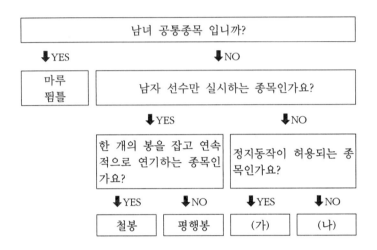

(가) 종목의 경기규칙을 두 개만 서술하시오. (단, 세 번째 답안부터는 채점하지 않음) [5점]

서술형 문항 채점기준표

문항		채점내용	소요시간
1	기본답안	• 다음 내용 중 두 가지를 포함한 경우에 정답으로 인정함 - 90초 이내 경기를 해야 한다. - 떨어졌을 때 10초 이내 다시 올라가야 한다. - 위에서의 연기는 평균대를 기준으로 높이의 변화가 있어야 한다. - 빠른 움직임과 느린 움직임이 혼합되어야 한다. - 3회의 정지동작이 허용된다.	3분
	인정답안	• '90초 이내'등과 같이 끝까지 서술형으로 종결 하지 않은 경우 • 내용에 오류가 없고 기본답안과 의미가 같은 경우 인정	

◈ 핵심Point : 기계체조 평균대 경기규칙

기계체조 남 · 여 종목의 차이 이해하기
기계체조에서 남 · 여 공통 종목은 마루운동과 뜀틀운동 두 가지이며, 이 외의 종목에서는 남자와 여자
가 서로 다른 종목을 실시한다. 남자 종목에는 링, 안마, 철봉, 평행봉이 있으며, 여자 종목에는 평균대,
이단평행봉이 있다. 기계체조에서 남 · 여의 차이는 크지 않으나 근력의 차이 때문에 종목이 나누어지
는 것이다.

학생 반응사례 및 인정범위 설정

- 반응유형 사례 검토 협의
  - 기본답안 및 인정답안 범위를 추가로 확정
- 채점방법 협의
  - 공동채점과 개별채점
  - 전체채점과 분할채점

- 반응유형 사례
  - 90초 이내 경기를 실시한다.
  - 1분 30초 동안 경기를 실시
  - 90초 동안 경기를 실시한다.
  - 60초(1분)안에 경기를 해야 한다.
  - 90초를 넘으면 감점이 된다.
  - 2분 이내로 실시하면 된다.
  - 평균대에서 떨어졌을 때 10초 이내에 다시 올라가야 한다.
  - 빨리 올라가야 한다.
  - 평균대에서 떨어지면 10초 이내 오른다.
  - 평균대 위에서의 연기는 평균의 높이를 기준으로 높이의 변화가 있어야 한다.
  - 연기는 평균대 높이보다 높거나 낮게 변화를 주어야 한다.
  - 평균대 위에서 연기는 점프동작이 필요하다.
  - 연기는 빠른 움직임과 느린 움직임이 혼합 되어야 한다.
  - 연기는 빠른 템포와 느린 템포를 혼합한다.
  - 연기는 빠르게 진행시켜야 한다.

⊕ 채점기준

답안 인정	규칙에서 서술형 종결은 아니나 학문적, 언어적, 운동 동작적 오류가 없이 각 규칙의 의미를 포함하면 답안 인정
답안 불인정	규칙에 대한 시간 단위의 오류, 운동 동작적 오류 발생, 각 규정에 대한 의미 미포함일 경우 답안 불인정

채점 후 협의

⊕ 특이답안 유형 및 처리를 목표이원분류표와 채점기준표에 반영한다.
   - 목표이원분류표와 채점기준표 수정은 학업성적관리규정에 의거 수행한다.
⊕ 채점결과에 대해 재검과정을 수행한다.

⊕ 최종 채점기준표

문항		채점내용	배점	소요시간
1	기본답안	– 다음 내용 중 두 가지를 포함한 경우에 정답으로 인정함 • 90초 이내에 경기를 해야 한다. • 평균대에서 떨어졌을 때 10초 이내 다시 올라가야 한다. • 평균대 위에서의 연기는 평균대를 기준으로 높이의 변화가 있어야 한다. • 연기는 빠른 움직임과 느린 움직임이 혼합 되어야 한다. • 3회의 정지동작이 허용된다.	5.0	3분
	인정답안	• '90초 이내 경기 실시' 등과 같이 끝까지 서술형으로 종결하지 않은 경우 • 90초를 넘으면 감점이 된다. • 평균대 위에서 연기는 점프동작이 필요하다. • 평균대에서 떨어지면 10초 이내 오른다. • 연기는 빠른 템포와 느린 템포를 혼합한다.		

* 사고 확산하기

기계체조에서 남자만 실시하는 종목에 대한 마인드맵을 그려 봄으로서 철봉과 평행봉의 기본 운동요소를 알 수 있고, 기계체조에 대한 사고를 확산시킬 수 있다.

• 철봉과 평행봉 마인드맵

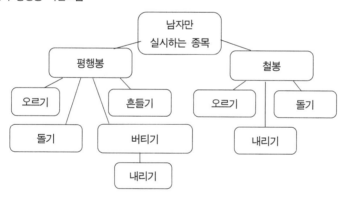

* 과학적 원리 알기

운동과 관련된 과학적 지식을 단순하게 암기하기 보다는 그 의미를 정확하게 파악하고 이해하는 것은 물론, 그러한 지식을 실제 체육 실기 활동에 적용할 수 있어야 한다. 특히, 스포츠 과학은 우리가 운동을 효율적으로 수행하는 데 큰 도움이 된다.

• 철봉에서 회전하는 것은 철봉을 축으로 삼아 원심력을 이용하는 것이므로, 철봉에서 몸의 중심이 멀어지지 않도록 하는 것이 필요하다.
• 구심력(철봉을 잡고 있는 힘)과 원심력(몸이 철봉에서 멀어지려는 힘)이 균형을 이룰 때 회전력이 생긴다. 그러므로 원심력이 구심력보다 크면 철봉을 놓치게 된다.

평가요소 선정

- 교육과정의 필수학습요소 중 심동적, 인지적, 정의적 요소가 통합된 평가요소를 선정한다.
- 문항의 내적 타당도와 신뢰도를 고려하여 평가요소를 선정한다.

- (예시) "이어달리기의 특성과 과학적 기본 개념을 이해하고 이를 운동 수행에 활용할 수 있다."의 필수학습요소 중 육상 운동 종목에 관성의 법칙이 적용되는 결과에 대해 비교·설명하기를 평가요소로 선정한다.

문항초안 작성

- 문제장면, 답안조건, 평가요소 설정
  문항제작의 가장 중요한 요소이다. 문제장면이 명확하지 않으면 학문적 오류가 발생하고, 답안조건이 한정되지 않으면 학생답안의 자유도를 증가시켜 채점이 어렵고, 평가요소가 불분명하면 다양한 인정답안이 발생할 수 있으며, 문항의 타당도가 낮아진다.
- 기본답안 작성, 소요시간, 배(채)점 방법, 인정답안 범위 설정(반응사례) 등을 작성·예측한다.

✿ 문항초안 (예시)

2. 다음 표에서 <u>100m 달리기와 400m 이어달리기의 합계 기록을 비교하면 400m</u>
    문제장면
    <u>릴레이의 합계 기록이 더 좋다. 그 이유를 설명하시오.</u> [6점]
       평가요소   배점

모둠 A	100m 달리기 기록	모둠 B	400m 릴레이 기록
학생 1	13.00 초	학생 1	13.00 초
학생 2	12.50 초	학생 2	12.25 초
학생 3	13.50 초	학생 3	13.25 초
학생 4	13.00 초	학생 4	12.75 초
합계	52.00 초	합계	51.25 초

◉ 기본답안, 인정답안 범위 및 소요시간

문항	채점내용		소요시간
2	기본답안	• 400m 이어달리기 경기는 배턴을 받는 사람이 미리 스타트를 실시하여 배턴을 주는 사람과 달리는 속도를 거의 일치시킬 수 있어 일정속도를 계속 유지시킬 수 있지만, 100m 달리기의 4회 합계 기록은 출발하여 일정 속도까지 올리는데 매회 시간이 소요되므로 400m 이어달리기 경기의 주자별 합계 기록이 빠르다.	3분
	인정답안	• 400m 이어달리기 구간의 최고속도가 100m달리기 4회 합계 구간의 최고속도보다 빠르다. • 관성의 법칙 때문에 400m 이어달리기 기록이 더 빠르게 된다.	

문항검토 컨설팅

◉ 문항검토 컨설팅 과정은 제작과정에서 가장 중요한 과정이다. 동료교사가 많이 참가할수록, 여러 차례 할수록 효과적이다.

◉ 설정된 조건, 평가요소 정밀검토
컨설팅 과정을 거쳐 설정된 조건이 명확하면 이의제기가 줄고, 답안조건을 제한하면 학생답안의 자유도를 최소화 할 수 있으며, 평가요소가 정확하면 인정답안을 최소화 할 수 있다. 이 때 동료교사의 의견은 출제자의 문항을 정교하게 하는 역할을 하므로 컨설팅에 긍정적인 태도로 임한다.

◉ 인정답안 범위, 배(채)점의 타당성, 문제해결 소요시간의 적절성 등도 컨설팅한다.

☺ 문제장면 컨설팅 (예시)

2. 다음 표에서

문제장면

모둠 A	100m 달리기 기록	모둠 B	400m 릴레이 기록
학생 1	13.00 초	학생 1	13.00 초
학생 2	12.50 초	학생 2	12.25 초
학생 3	13.50 초	학생 3	13.25 초
학생 4	13.00 초	학생 4	12.75 초
합계	52.00 초	합계	51.25 초

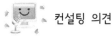 컨설팅 의견

의견1. 표의 릴레이와 평가요소의 이어달리기 중 교과서에 표기된 용어로 통일을 해야 한다.

의견2. 모둠 A, B의 개인별 100m 기록은 모둠 내외로 차이가 날 수 있지만, 모둠 A, B의 팀별 기량의 차가 없음을 제시해야 되지 않는가? 왜냐하면, 모둠 간의 기량 차가 존재하지 않은 상태에서 경기 방식의 상이함에서 기인하는 기록 차의 이유를 평가요소로 하기 때문이다.

의견3. 육상 경기는 풍향, 풍속 등과 같은 기상 여건에 많은 영향을 받는다. 두 경기가 동일 조건 하에서 실시되었음을 제시하지 않아도 답안과 상관이 없는가?

의견4. 400m 이어달리기는 주자별 달리는 거리가 상이하며, 배턴 주고받기의 능력이 기록에 미치는 영향이 크다. 이어달리기의 기록을 표시할 때 100m 구간별 기록임을 제시해야 되지 않는가?

 컨설팅 결과반영

문항의 완성도와 문항에 대한 친숙도를 높이기 위해서 의견 1을 반영하여 교과서에 있는 단어로 통일하여 제시한다.

의견 2, 3, 4에 따라 명확한 문제장면을 제시하여 학문적 오류를 범하지 않고, 학생들의 이의제기를 최소화 한다.

❂ 평가요소 컨설팅 (예시)

<u>100m 달리기와 400m 이어달리기의 합계 기록을 비교하면 400m 릴레이의 합계 기록이 더 좋다. 그 이유를 설명하시오.</u> [6점]

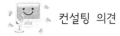
평가요소   배점

컨설팅 의견

의견1. 교육과정의 필수학습요소에서 추출한 평가요소는 과학적 원리와 두 경기 기록과의 관계이지만 제시된 문항에서는 이러한 평가요소가 드러나 있지 않다. 누락된 평가요소를 포함하여야 할 것이다.

의견2. 학생들이 제시할 이유로 개인차, 경기 상황 등 많은 것들이 답으로 인정될 수 있다. 이로 인해 교사는 학생들이 학습목표에 도달했는지를 정확히 판단할 수 없게 되며, 차후의 학습에도 부정적 영향을 줄 수 있다. 출제자가 원하는 답안을 이끌어내기 위해서는 명확한 평가요소와 답안조건을 제시하여 학생답안의 자유도를 한정해야 한다.

의견3. 뉴턴의 '운동의 법칙'과 관련지어 설명하도록 하는 조건을 제시하면 평가요소와 유기적으로 연결될 수 있을 것이다.

의견4. '합계 기록이 더 좋다'보다는 '합계 기록이 더 빠르다'로 표현하는 것이 옳은 것 같다.

컨설팅 결과반영

의견1, 3을 반영하여 교육과정에 근거한 평가요소를 발문할 수 있다. 또한 체육교과가 추구하는 전인육성의 목표 차원에서도 심동적 영역과 인지적 영역의 통합을 구현하는데 부합된다.

의견2, 3은 학생의 반응, 교사의 채점, 평가와 환류 측면에서 연계성을 갖는다. 이를 명확히 수정하여 평가의 목적을 달성한다.

의견4는 문항 제작 시 단어의 정확한 활용을 강조한다. 문제 상황에 맞는 정확한 단어 선정으로 학생들의 문제 파악에 도움을 준다.

🌀 기본답안, 인정답안 범위, 소요시간 컨설팅 (예시)

문항		채점내용	소요시간
2	기본답안	• 400m 이어달리기 경기는 배턴을 받는 사람이 미리 스타트를 실시하여 배턴을 주는 사람과 달리는 속도를 거의 일치시킬 수 있어 일정속도를 계속 유지시킬 수 있지만, 100m 달리기의 4회 합계 기록은 출발하여 일정 속도까지 올리는데 매회 시간이 소요되므로 400m 이어달리기 경기의 주자별 합계 기록이 빠르다.	3분
	인정답안	• 400m 이어달리기 구간의 최고속도가 100m달리기 4회 합계 구간의 최고속도보다 빠르다. • 관성의 법칙 때문에 400m 이어달리기 기록이 더 빠르게 된다.	

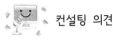 컨설팅 의견

의견1. 인정답안에서처럼 '최고속도'개념에 근거하여 두 경기의 구간을 비교할 수 있는가? '400m 이어달리기 구간의 평균속도가 100m 달리기 4회 합계 구간의 평균속도보다 빠르다'라고 수정하는 것이 좋겠다.

의견2. '관성의 법칙 때문에 400m 이어달리기 기록이 더 빠르게 된다.'가 인정답안이 된다면 이는 단답형에 가까운 문항이 된다. 왜냐하면, 문제장면에서 400m 이어달리기 기록이 더 빠르다는 것이 이미 제시되었고, 이의 이유로 뉴턴의 운동법칙 세 가지 중 한 가지를 우연히 맞게 썼을 경우가 존재할 수 있기 때문이다. 이로 인해 학생의 창의적 사고 과정을 엿보고자 하는 서술형 평가의 취지가 사라지게 된다.

의견3. 학생들이 문제를 읽고, 표를 파악·분석하여 기본답안 만큼의 양을 작성하는데 소요시간 3분은 너무 짧은 것 같다.

 컨설팅 결과반영

의견1에 따라 '속도'와 관련된 여러 유사 개념을 명확히 파악하여 수정·제시한다.
의견2, 3에 따라 평가요소와 조건들을 수정·발문하여 학생들의 사고 과정이 드러날 수 있도록 문항을 재구성하고, 답안의 양을 소요시간에 비례하여 적절히 조절한다.

최종문항 완성

2. 표는 동일한 4명의 학생들이 실시한 100m 달리기 4회 합계 기록과 400m 이어 달리기의 기록을 대비하여 나타낸 것이다.

학생명	100m 달리기 기록	400m 이어달리기 기록 (100m 구간별 기록임)
남△△	13.00 초	13.00 초
강□□	12.50 초	12.25 초
김◇◇	13.50 초	13.25 초
박○○	13.00 초	12.75 초
합계	(가) 52.00 초	(나) 51.25 초

(가)의 기록보다 (나)의 기록이 더 좋은 이유를 쓰되, 〈조건〉에 모두 맞게 설명하시오.
(단, 학생들의 피로도, 당일 풍속 등 모든 조건이 동일한 상태임) [6점]

――――〈 조 건 〉――――
- 뉴턴의 운동 법칙 중에서 (가), (나)의 기록 차이에 가장 크게 영향을 미치는 한 가지 법칙만을 포함할 것
- 두 경기의 기록에 차이가 나는 주 요인을 운동 법칙의 내용과 연관지어 설명할 것.
- '(뉴턴의) ☐☐☐☐☐ 법칙 때문에 (나)가 빠르다.'라는 유형의 설명은 정답으로 불인정함

서술형 문항 채점기준표

문항		채점내용	소요시간
2	기본답안	• (가)기록은 매회 출발할 때마다 관성을 극복해야 하지만, (나)기록은 최초 출발 시 1회의 관성만을 극복하면 되기 때문이다.	3분
	인정답안	• (가)와 비교할 때, 정지하려는 관성이 (나)에 짧게 작용하여 평균 속도가 높아지기 때문이다. • (가)와 비교할 때, 움직이려는 관성이 (나)에 길게 작용하여 평균 속도가 높아지기 때문이다.	

◉ 핵심Point : 관성의 법칙과 운동 수행 결과

학생 반응사례 및 인정범위 설정

● 반응유형 사례 검토 협의
  - 기본답안 및 인정답안 범위를 추가로 확정
● 채점방법 협의
  - 공동채점과 개별채점
  - 전체채점과 분할채점

● 반응유형 사례
• 관성의 법칙(뉴턴의 제1법칙) 때문에 (나) 기록이 빠르다.
• 가속도의 법칙(뉴턴의 제2법칙) 때문에 (나) 기록이 빠르다.
• 작용·반작용의 법칙(뉴턴의 제3법칙) 때문에 (나) 기록이 빠르다.
• (나)는 이어서 계속 달리기 때문에 정지하려는 관성(의 법칙)의 영향을 덜 받아 (가)보다 더 빠르다.
• (나)는 계속 움직이려는 관성의 영향을 받는 시간이 길기 때문에 (가)보다 더 빠르다.
• (가)에 비해 (나)에 작용하는 짧은 정지 관성에 의해 빨리 달릴 수 있는 거리가 더 길어지기 때문에 (나)가 빠르다.
• (가)에 비해 (나)에 작용하는 긴 운동 관성에 의해 빨리 달릴 수 있는 거리가 더 길어지기 때문에 (나)가 빠르다.

● 채점기준

답안 인정 · 뉴턴의 운동 법칙 중 '관성의 법칙'(뉴턴의 제1 운동법칙)만 제시
되고, 관성에 의한 거리, 소요시간, 평균속도에서 (나)에 유리하
게 작용됨을 이유로 설명한 경우
- (가)에 비해 (나)에 작용하는 짧은 정지 관성에 의해 평균 속도가
더 높아지기 때문에 (나)가 빠르다.
- (가)에 비해 (나)에 작용하는 긴 운동 관성에 의해 평균 속도가
더 높아지기 때문에 (나)가 빠르다.

- (가)에 비해 (나)에 작용하는 짧은 정지 관성에 의해 빨리 달릴 수 있는 거리가 더 길어지기 때문에 (나)가 빠르다.
- (가)에 비해 (나)에 작용하는 긴 운동 관성에 의해 빨리 달릴 수 있는 거리가 더 길어지기 때문에 (나)가 빠르다.
- 다음과 같은 용어의 혼용은 인정한다.
- (가) → 100m 달리기, 100, 100M, 100 달리기 등
- (나) → 400m 이어달리기, 400, 400M, 400 달리기, 릴레이 등

답안 불인정
- '관성의 법칙' 또는 뉴턴의 제1 운동법칙을 포함하지 않은 경우
- '관성의 법칙'을 포함하였지만 기록에 미치는 영향을 구체적으로 제시하지 않았거나 내용이 틀린 경우
- 관성의 법칙 때문에 400m 이어달리기 기록이 더 빠르다.

채점 후 협의

- 특이답안 유형 및 처리를 목표이원분류표와 채점기준표에 반영한다.
  - 목표이원분류표와 채점기준표 수정은 학업성적관리규정에 의거 수행한다.
- 채점결과에 대해 재검과정을 수행한다.

◉ 최종 채점기준표

문항		채점내용	배점	소요시간
2	기본답안	• (가)기록은 매회 출발할 때마다 관성을 극복해야 하지만, (나)기록은 최초 출발 시 1회의 관성만을 극복하면 되기 때문이다.	6.0	3분
	인정답안	• 뉴턴의 운동 법칙 중 '관성의 법칙'('뉴턴의 제1 운동법칙)만 제시되고, 관성에 의한 거리, 소요 시간, 평균 속도에서 (나)에 유리하게 작용됨을 이유로 설명한 경우 - (가)에 비해 (나)에 작용하는 짧은 정지 관성에 의해 평균 속도가 더 높아지기 때문에 (나)가 빠르다. - (가)에 비해 (나)에 작용하는 긴 운동 관성에 의해 평균 속도가 더 높아지기 때문에 (나)가 빠르다. - (가)에 비해 (나)에 작용하는 짧은 정지 관성에 의해 빨리 달릴 수 있는 거리가 더 길어지기 때문에 (나)가 빠르다. - (가)에 비해 (나)에 작용하는 긴 운동 관성에 의해 빨리 달릴 수 있는 거리가 더 길어지기 때문에 (나)가 빠르다. • 다음과 같은 용어의 혼용은 인정한다. - (가) → 100m 달리기, 100, 100M, 100 달리기 - (나) → 400m 이어달리기, 400, 400M, 400 달리기, 릴레이		

❉ 관성의 법칙이 100m 달리기와 400m 이어달리기 운동 수행 결과에 어떻게 적용되는지를 명확하게 분석하는 방법으로 실제 기록의 합계를 비교하는 방법 외에 다른 것은 없을까?

- 이들의 운동 경기 장면을 비교·상상하면서 구간별 속도의 변화를 그래프로 그려보는 방법

- 그래프를 그리고 다양하게 면적을 비교하는 방법

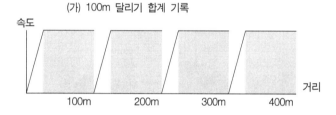

(가) 100m 달리기 합계 기록

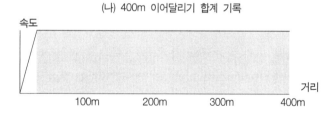

(나) 400m 이어달리기 합계 기록

❉ 뉴턴의 제1 운동법칙인 '관성의 법칙'이 다른 운동 종목에 적용되는 예를 생각함으로써 발산적 사고를 확대해 나갈 수 있다.

- 투기 종목에서 움직이는 상대를 움직이는 방향으로 매치는 것이 용이하다.

- 배드민턴 경기에서 몸무게가 많은 선수는 가벼운 선수보다 출발, 정지, 방향전환을 하는데 더 많은 시간이 소요된다.(단, 근력과 신경계의 기능 등은 무시할 경우)

- 멀리뛰기 시 최대의 속도를 이용하여 도움닫기를 하여 발구름을 할 때에도 관성을 이용하기 위해서이다.

평가요소

☻ '청소년기의 체력 관리의 중요성을 이해하며 실천 의지를 기르도록 한다.'의
필수학습요소 중 유연성 운동인 스트레칭의 실시 원칙 서술하기를 평가요소
로 선정한다.

예시문항

3. 그림은 유연성 향상을 위한 스트레칭을 나타낸 것이다.

　　　　①

다양한 관절들을 최대한 움직일 수 있는 스트레칭을 실시하는 것은 유연성을
기르기 위해 바람직하다. 스트레칭을 할 때 지켜야 할 ②실시원칙 두 가지만 ③서
술하시오. [5점]

㉠ _____

㉡ _____

문항 완성도 높이기

① 그림, 표, 그래프 등을 문항에 자료로 제시하였을 때는 명확하고 판독이 가능한 자료를 제시해야 한다.

② 스트레칭을 무리하게 하지 않기 위한 여러 가지 원칙으로 한정하며, 두 가지만 쓰도록 하여 응답의 수를 한정한다.

③ 서술형 평가에서는 직접발문의 종결형 어미를 다양하게 확보해야 한다. ~~서술하시오, ~~설명하시오, ~~그림으로 그리시오. 등

학생 반응사례 및 채점기준

☄ 반응유형 사례

- 손을 쭉 펴서 실시
- 엎드려서 실시한다.
- 다리를 양 옆으로 최대한 벌린다.
- 허리를 들어 올린다.
- 여러 가지 운동을 돌아가면서 실시
- 호흡을 평상시처럼 하여 30초 정도
- 스트레칭을 하기 전에 반드시 준비운동을 실시한다.
- 통증이 있더라도 조금 참아가면서 해야 한다.
- 서서하다가 앉아서 실시하고 끝낸다.

☄ 채점기준

답안 인정
- 호흡을 평상시처럼의 의미가 포함 된 경우
- 스트레칭을 하기 전에 반드시 준비운동의 의미가 포함 된 경우
- 서술형으로 종결하지 않아도 언어적 의미 전달이 가능한 경우

답안 불인정
- '엎드려서 실시한다.' '손을 쭉 펴서 실시한다.' 등과 같이 그림을 보고 의미 없이 서술한 경우
- 스트레칭 원리의 의미가 포함되어 있지 않은 경우

문항		채점내용	소요시간
3	기본답안	• 다음 내용 중 두 가지를 포함한 경우에 정답으로 인정함 - 호흡을 평상시처럼 자연스럽게 한다. - 신체의 반동이나 탄력을 이용하지 않는다. - 통증을 느끼지 않을 정도의 강도로 실시한다. - 갑자기 동작을 취하지 않고 천천히 실시한다. - 준비 운동을 실시하여 체온을 높이고 관절 가동 범위를 늘린다.	3분
	인정답안	• 호흡을 평상시처럼 하여 30초 동안 실시한다. • 스트레칭을 하기 전에 반드시 준비운동을 실시한다. • 통증을 느끼지 않을 정도로 양다리를 최대한 넓게 벌린다.	

창의력학습 FOCUS

❋ 유연성 운동 실시원칙 알기

관절의 가동 범위를 최대로 넓히는 유연성운동은 어떤 운동보다도 원칙을 지켜 실시해야 된다. 유연성이 좋은 사람은 신체 활동이 원활하며, 움직임의 효율성이 크다. 청소년기 이후부터는 점차적으로 유연성이 떨어지기 때문에 맨손체조나 스트레칭으로 운동하는 습관을 기르도록 한다. 이때 실시 원칙은 평상시 호흡하듯이 자연스럽게 호흡하고, 신체를 반동이나 탄력 없이 서서히 쭉 늘여주며, 통증을 느끼게 되면 중지해야 한다. 이것이 유연성 운동의 실시 원칙이다.

❋ 유연성과 운동의 효율성 이해하기

유연성이 좋으면 신체 움직임의 효율성이 크다. 유연성이 좋은 사람은 그렇지 않은 사람에 비해 더 큰 운동 범위를 갖기 때문에 가속도 및 스피드에서 유리할 수 있다. 운동을 잘하기 위해서는 근력만큼이나 유연성도 중요하다.

평가요소

🕐 '도전 활동으로서의 필드 경기를 통해 도전의 의미를 이해하고 생활 속에서 실천한다.'의 필수학습요소 중 멀리뛰기 기록 계측 방법 그리기를 평가요소로 선정한다.

예시문항

4. ①<u>다음은</u> 멀리뛰기 기록계측의 방법에 관한 것이다.

> 멀리뛰기 기록계측은 구름판에서 가장 가까운 착지점②<u>(신체의 착지점)</u> 까지의 직선거리를 계측하는 것이 원칙이다.

아래 발 구름 그림과 착지점 그림을 이용하여 계측 거리를 ③<u>〈조건〉에 모두 맞게</u> 그림으로 그리시오. [4점]

④

```
                    ⟨ 조 건 ⟩
• 선은 정확한 직선으로 그린다.
• 반드시 직각 기호를 포함하여 그린다.
• 시작점과 끝점을 명확하도록 진하게 그린다.
```

문항 완성도 높이기

① 발문에서 일반적으로 특정 내용이나 항목을 선택하도록 하지 않는 글이나 내용을 지칭하는 말에 '다음'이라 하며, '다음'은 글박스 안의 내용 이다.

② 학생들은 멀리뛰기에서 착지점이라 하면 일반적으로 발의 착지 지점만을 생각하게 된다. 명확한 발문이 필요하므로 신체의 착지점을 부연 설명으로 첨부한다.

③ 문항의 모호함을 제거하고, 학생들의 답안 반응폭을 줄이기 위해 답안작성 키워드를 〈조건〉에 제시한다.

④ 그림 자료를 이용하여 답안을 작성하는 평가 문항이므로 무엇보다도 그림 자료가 명확하게 제시되어야 한다.

학생 반응사례 및 채점기준

◔ 반응유형 사례

- 직선을 사용하지 않고 곡선을 사용하여 그림을 그렸다.

- 발 구름판 뒤에서부터 계측하여 최단거리 계측이 되지 않았다.

- 발 구름판의 중앙 위치에서 착지한 양발의 정중앙 위치에 계측 하였다.
- 발 구름판위의 발 위치부터 계측하였다.
- 발 구름 위치부터 발뒤꿈치까지 사선으로 계측하였다.

- 발 구름판 앞부터 직선을 사용하여 신체 착지점 맨 뒤를 계측 하여 직각표시를 하였다.

• 직각표시와 직선을 사용하였고, 신체 착지점 맨 뒤에서 종으로 직선을 그어 발 구름 다리 앞, 발 구름 판 앞에서부터 횡으로 직선을 그려 종으로 내려오는 직선과 만났다.

채점기준

답안 인정 • 직각 표시가 있고 직선으로 선을 그어 발 구름판 앞 위치부터 착지발 뒤꿈치에 대한 계측이 된 경우에 정답 인정

답안 불인정 • 직각 표시가 없거나 곡선으로 선을 그은 경우 답안 불인정

문항	채점내용		소요시간
4	기본답안	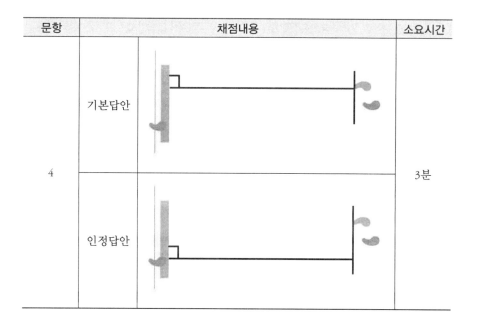	3분
	인정답안		

❈ 기록 도전 활동 이해하기

기록 도전 활동 이란 육상의 트랙 경기와 필드 경기, 수영의 경영을 말한다. 도전 활동은 정한 목표에 도달하기 위하여 꾸준히 노력하는 활동으로, 도전하는 과정에서 자신의 신체 능력을 이해하고 직면하는 어려움을 극복해 가는 능력을 기르는 것이 중요하다. 즉, 새로운 기록에 대하여 도전하는 과정 자체가 성취하는 결과 만큼이나 소중하고 의미가 있는 것이다. 이러한 기록 도전 활동을 통해 우리는 과정을 중시하는 태도를 기를 수 있고, 인내심과 끈기를 기를 수 있으며, 적극적으로 살아가는 태도를 기를 수 있다.

❈ 멀리뛰기 기록 계측 알기

멀리뛰기의 기록 계측은 구름판에서 가장 가까운 착지점(신체가 닿은 지점)까지의 직선거리를 잰다. 기록 계측을 하여 6회 시기 중 가장 좋은 기록을 채택하여 순위를 결정하는데, 최고 기록이 같을 경우 그 다음 기록을 비교하여 순위를 결정한다.

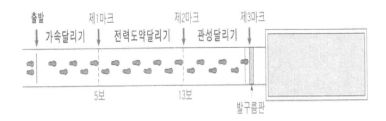

평가요소

- '경쟁 활동의 특성과 가치를 바르게 이해하고, 자신의 삶에서 실천하는 태도를 갖는다.'의 필수학습요소 중 소프트볼경기 공격법 스퀴즈 플레이 개념에 대해 설명하기를 평가요소로 선정한다.

예시문항

5. 그림은 소프트볼 공격법에 대한 노트의 일부가 지워진 것이다. 물음에 답하시오.

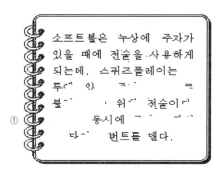

(1) 스퀴즈 플레이를 실시하는 목적을 설명하시오. [2점]

② _____

(2) 스퀴즈 플레이(squeeze play)의 실시상황을 ③<조건>에 맞추어 설명하시오.[3점]

<조 건>
- 주자의 위치와 행동을 포함할 것
- 타자의 행동을 포함할 것

문항 완성도 높이기

① 학생의 노트 일부를 발췌하여 평가요소 부분을 지우개로 지워 문항 제작의 소재로 사용해도 참신하고 유익한 자료가 된다.

② 답안작성 유도선을 제시하여 답안의 양을 한정지어 준다.

③ 문항의 모호함을 제거하고, 학생들의 답안 반응폭을 줄이기 위해 답안작성 키워드를 〈조건〉에 제시한다.

학생 반응사례 및 채점기준

☻ 반응유형 사례

(1)의 반응유형 사례
- 3루 주자를 홈으로 불러들이기 위해서이다.
- 득점을 하기 위해서
- 1루에 주자로 나가기 위해서이다.
- 1루 주자를 2루로 보내기 위해서
- 주자를 한 루씩 진루시키기 위해서이다.

(2)의 반응유형 사례
- 주자는 3루에서 달리기 시작하고 타자는 번트를 댄다.
- 타자가 기습번트를 대고 주자는 3루에서 홈으로 달려온다.
- 1루 주자는 2루로 달리고 타자는 번트
- 주자는 1루에 있고, 타자는 번트를 댄다.
- 주자는 3루에 있고, 타자는 번트를 댄다.

☻ 채점기준

답안 인정

(1) • 득점을 하기 위해서라는 의미가 포함된 경우
  • 3루 주자를 홈으로 불러들이기 위해서라는 의미가 포함된 경우

(2) • 주자는 3루에서 달리기 시작하고 타자는 번트를 댄다는 의미가 포함된 경우
  • 타자가 기습번트를 대고 주자는 3루에서 홈으로 달려온다는 의미가 포함된 경우

(1) 3루 주자를 홈으로 불러들이기 위해서 또는 득점을 하기 위해서
라는 의미 이외의 내용

(2) 주자는 3루에서 달리고 타자는 번트를 댄다는 의미 이외의 내용

문항		채점내용	소요시간
5-(1)	기본답안	• 3루 주자를 홈으로 불러들이기 위해서이다.	1분
	인정답안	• 득점을 하기 위해서이다.	
5-(2)	기본답안	• 3루에 주자가 있을 때, 투구와 동시에 주 자가 달리고 타자는 번트를 댄다.	2분
	인정답안	• 타자가 기습번트를 대고 주자는 3루에서 홈으로 달려온다. • 주자는 3루에서 달리기 시작하고 타자는 번트를 댄다.	

❋ **소프트볼의 과학적 원리 알기**   **창의력학습 FOCUS**

공을 강하고 멀리 보내기 위해서는 공에 큰 충격을 주어야 한다. 충격량의 크기는 가하는 힘의 크기와 두 물체가 접촉하는 시간에 의해 결정되므로, 동일한 힘을 가한다고 할 때 공이 배트에 접촉하는 시간을 길게 해 주어야 한다. 이를 위해서는 타격을 한 후 폴로스루(follow through) 동작이 잘 되어야 한다.

• 폴로스루(follow through) : 타구의 효과를 더욱 높이기 위해 공을 친 후에 팔의 진행을 계속하는 행위

❋ **소프트볼의 공격 전술 이해하기**

소프트볼은 누상에 주자가 있을 때에 전술을 사용하게 되는데, 대표적인 공격법으로는 히트 앤드 런(hit-and-run), 스퀴즈 플레이(squeeze play), 희생 번트, 태그 업 플레이(tag-up-play) 등이 있다.

• 히트 앤드 런(hit-and-run) : 투수의 투구와 동시에 누에 있는 주자는 달리고 타자는 무조건 타격을 하는 전술이다. 성공하면 주자는 2베이스를 진루할 수 있는 전술이다.

• 스퀴즈 플레이(squeeze play) : 3루에 있는 주자를 홈으로 불러들이기 위한 전술이다. 투구와 동시에 주자는 홈을 향해 달리고 타자는 번트를 대는 전술로 득점을 목적으로 한다.

• 태그 업 플레이(tag-up-play) : 타자의 플라이 아웃 상황에서 누상에 있는 주자는 베이스를 밟고 있다가 진루가 가능한 상황이라 판단되면 다음 누를 향해 전력 질주를 하여 달린다.

평가요소

💛 '우리나라 고유의 민속 경기인 씨름을 배워 상대방에게 예의를 갖추고 강한 체력을 기른다.'의 필수학습요소 중 허리기술의 배지기 기술에서 수비하는 방법 서술하기를 평가요소로 선정한다.

예시문항

6. 그림은 씨름 허리기술 배지기의 장면이다.

^①<u>안다리걸기 공격에 대한 수비법은 걸린 다리를 들어 올리는 것이다.</u> 배지기에 대한 수비법을 한 개만 서술하시오. ^②<u>(단, 두 번째 답안부터는 채점하지 않음)</u>

[4점]

※ 답안 작성 시 유의사항

안다리걸기 공격에 대한 수비법을 참고하여 작성하시오.

문항 완성도 높이기

① 안다리걸기 공격의 수비법을 예시로 들고 이를 참고하여 배지기 공격에 대한 수비법을 쓸 수 있게 유도한다.

② 학생이 작성해야 할 내용의 가지 수를 한정하기 위해 밑줄 제시, 답지 작성에 한 개를 초과하여 작성하는 학생도 있을 것이며 작성 내용 중 일부는 오답일 수 도 있다.

학생 반응사례 및 채점기준

✪ 반응유형 사례

- 허리샅바를 더욱 힘주어 잡는다.
- 힘을 빼고 다음 방어 동작을 준비
- 무릎을 공격자의 허벅지 안쪽에 밀착
- 손으로 공격자의 목을 강하게 조름
- 들린 사람은 오른쪽 발등을 든 사람의 무릎에 계속 댄다.
- 허리를 낮추고 공격자의 가슴 아래에 몸을 밀착시킨다.
- 중심을 최대한 낮춤

✪ 채점기준

답안 인정	• 무릎을 공격자의 허벅지 안쪽에 밀착시킨다는 수비의 의미가 포함된 경우 • 허리를 낮추고 공격자의 가슴 아래에 몸을 밀착시킨다는 수비의 의미가 포함된 경우
답안 불인정	• 반칙을 활용한 내용 • '중심을 최대한 낮춘다.'와 같이 명확하지 못한 광범위한 내용

문항		채점내용	소요시간
6	기본답안	• 수비자(들린 사람)는 오른쪽 발등을 공격자(든 사람)의 무릎에 댄다.	2분
	인정답안	• 수비자는 무릎을 공격자의 허벅지 안쪽에 밀착시킨다. • 수비자는 허리를 낮추고 공격자의 가슴 아래에 몸을 밀착시킨다.	

❖ 투기 도전 활동 이해하기

투기 도전 활동이란 태권도, 씨름, 복싱, 유도, 레슬링, 펜싱 등 타인과 기량을 겨루어 보는 경기를 말한다. 투기 도전 스포츠 중 격투기는 나라별로 특색을 띠고 발전해 왔다. 우리나라 국기인 태권도는 현재 세계 많은 나라에서 4천만명 이상 배우고 있을 정도로 널리 퍼져있다. 씨름은 삼국시대 이전부터 실시된 운동으로, 우리 민족 고유의 얼과 슬기가 담겨 있는 민속경기로 행해져 왔다. 씨름은 순수한 한국어로, 서로 버티어 힘을 견준다는 의미의 '씨룬다'라는 동사가 변화된 것으로 보인다. 각저(角低), 각력(角力), 각희(角戱), 상박(相撲) 등의 한자어 명칭도 있다.

❖ 씨름 허리기술 알기

허리기술이란 허리의 힘을 이용하여 위로 들기, 좌우로 돌리기, 젖히기 등으로 상대방을 넘어뜨리는 기술이다. 엉덩배지기, 들배지기, 통다리들기, 뒤집기 기술이 있다.

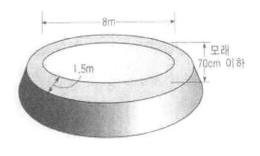

씨름 경기장

평가요소

↪ '운동 상해의 원인을 파악하여 상해 예방법과 상해에 대한 응급 처치 방법을 안다.'의 필수학습요소 중 염좌의 응급 처치 방법 설명하기를 평가요소로 선정한다.

예시문항

7. 다음은 어떤 운동상해에 대한 <u>①검색 결과</u>를 나타낸 것이다.

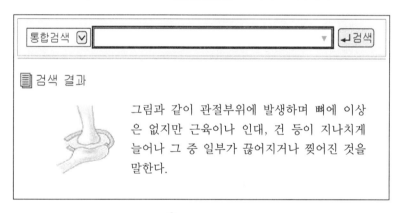

검색 결과의 운동상해에 대한 <u>②응급처치 방법을 설명</u>하시오. [5점]

문항 완성도 높이기

① 다양한 형식의 출제를 위해 인터넷 검색 결과, 보고서 형식, 연습지 형식, 노트의
   일부가 찢겨진 형식 등을 사용하면 서술형 평가 문항을 다양하고 참신하게 작성
   할 수 있다.
② 학생이 반응하는 답이 여러 개가 아닐 때는 조건을 제시하지 않아도 된다.

학생 반응사례 및 채점기준

☺ 반응유형 사례

- 차가워지는 스프레이 파스를 뿌린다.
- 뜨거운 물수건을 댄다.
- 119에 전화한다.
- 계속 주물러 준다.
- 압박붕대를 사용하여 고정시킨다.
- 찬 물수건을 대거나 얼음찜질을 한다.
- 압박붕대나 부목을 이용하여 환부를 고정시켜준다.
- 찬 물수건을 대거나 얼음찜질을 하여 아픔과 부기를 덜어준다.
- 상해부위에 찬 물을 계속 틀어준다.
- 상해부위를 심장보다 높게 해 준다.

☺ 채점기준

답안 인정	• 차가워지는 스프레이 파스를 뿌린다는 의미가 포함된 경우 • 찬 물수건을 대거나 얼음찜질을 하여 아픔과 부기를 덜어준다는 의미의 부연 설명이 포함된 경우 • 상해부위에 찬 물을 계속 틀어준다는 의미가 포함된 경우
답안 불인정	• 상해부위에 냉각 한다는 의미가 없는 경우 답안 불인정 – 뜨거운 물수건을 댄다는 의미가 포함된 경우 – 계속 주물러 준다는 의미가 포함된 경우 – 상해부위를 심장보다 높게 해 준다는 의미와 같이 염좌의 응급처치와는 무관한 경우 – 119에 연락 한다와 같이 응급처치보다는 후속조치의 의미가 포함된 경우

문항		채점내용	소요시간
7	기본답안	• 찬 물수건을 대거나 얼음찜질을 한다.	3분
	인정답안	• 찬 물수건을 대거나 얼음찜질을 하여 아픔과 부기를 덜어 주도록 한다. • cool 스프레이(spray) 파스를 뿌려준다. • 상해부위에 찬물을 계속 틀어준다.	

* 운동상해의 종류

운동사고란 운동 중 뜻밖에 일어나는 신체적인 불행, 또는 해로운 일을 말하며, 이것이 원인이 되어 일어나는 신체적인 부상이나 상처를 운동상해라 한다. 운동상해에는 심한 충격으로 근육의 모세혈관이 터지는 타박상, 외부의 강한 힘으로 신체의 근육이 늘어나고 근섬유의 일부가 끊어진 상태의 근육 좌상, 외부 충격으로 뼈가 부러진 상태의 단순 골절, 복잡 골절, 복합 골절, 외부 충격이나 무리한 동작으로 관절 인대가 늘어나거나 일부가 끊어진 상태의 염좌, 관절을 둘러싸고 있는 인대 밖으로 뼈가 빠져 나온 상태의 탈구 등이 있다.

* 운동상해의 응급처치 방법

• 열사병 : 얼음이나 찬물을 이용하여 체온을 낮춰준다.

• 뇌진탕 : 정상 체온을 유지시켜주고, 호흡이 약해지거나 멎으면 인공호흡을 실시한다.

• 심장마비 : 심폐소생법을 실시한다.

• 타박상 : 얼음찜질을 한다.

• 근육좌상 : 환부를 압박붕대로 감고 얼음찜질을 계속한다.

• 골절 : 부목과 압박붕대를 사용하여 환부를 고정시킨다.

• 염좌 : 얼음찜질을 한다.

• 탈구 : 다친 부위가 움직이지 못하게 고정시킨다.

* 응급처치와 후속조치 알기

응급처치는 사고에 따른 부상이나 질병으로 위급한 상황에 있는 사람에게 행하는 즉각적인 조치이다. 대부분의 운동상해는 안정(Rest), 얼음찜질(Ice), 압박(Compression), 환부 높임(Elevation)의 RICE요법을 통해 효과적으로 응급처치를 할 수 있다.

• Rest : 상해부위를 움직이지 않도록 하고 휴식을 취하게 한다.

• Ice : 얼음찜질을 한다.

• Compression : 붕대로 상해부위를 압박한다.

• Elevation : 상해부위를 심장보다 높게 위치시킨다.

후속조치란 응급처치 이후 119에 연락한다거나, 병원에서 의사의 치료를 받는 등의 전문적인 치료를 후속조치라 한다.

평가요소

☻ '건강 활동의 의의를 알고 올바른 건강관리 방법을 일상생활에서 실천 한다.'
의 필수학습요소 중 스포츠의 현대화 사례 서술하기를 평가요소로 선정한다.

예시문항

8. 다음은 스포츠 현대화의 유형을 네 가지로 구분하여 설명한 내용이다.

> 현대 사회의 발달된 과학 문명은 체육의 과학화와 생활화를 이루는 바탕이 되었으
> 며, 또한 각국 사이의 활발한 교류로 체육의 국제화와 상업화를 가능하게 하였다.
> • 생활화 : 어린이로부터 노인까지 평생 동안 즐기는 체육활동이 확산되었다.
> • 국제화 : 체육의 국제화는 세계인을 하나로 묶어 주는 역할을 하고 있다.
> • 과학화 : 기록 단축을 위해 시설, 용구, 복장 등이 끊임없이 개량되고 있다.
> • 상업화 : 체육의 상업화에 따라 관람을 목적으로 하는 스포츠가 성행하고 있다.

스포츠 현대화 중 '생활화'의 작성 예시를 참고하여 우리의 ①실생활에서 찾아
볼 수 있는 국제화, 과학화, 상업화의 구체적 사례를 각각 제시하시오. [4점]

> ※ 작성 예시
> • 생활화 : 공원에서 할머니와 손자가 배드민턴을 치고 있다.

• 국제화 : ② ㉠＿＿＿＿＿＿＿＿＿＿＿＿＿＿＿＿＿＿＿

• 과학화 : ㉡＿＿＿＿＿＿＿＿＿＿＿＿＿＿＿＿＿＿＿

• 상업화 : ㉢＿＿＿＿＿＿＿＿＿＿＿＿＿＿＿＿＿＿＿

문항 완성도 높이기

① 체육과목의 대부분 학습 목표는 일상생활과 밀접한 관련이 있다. 서술형 평가에서 일상생활에 대한 소재 도입은 참신하며 유익하다.
② 답안 작성의 명확한 구분을 위해 기호 또는 원문자 표기를 한다.

학생 반응사례 및 채점기준

❧ 반응유형 사례

㉠의 반응유형 사례
- 올림픽을 통해 다른 나라 문화를 배운다.
- 국제 스포츠 연맹이 조직되었다.
- 스포츠를 통해 나라간 교류를 한다.

㉡의 반응유형 사례
- 골프 실력을 향상시키기 위해 비디오 판독을 실시한다.
- 전신 수영복은 수영기록을 단축시킨다.
- 피로를 적게 하여 기록을 향상시키는 마라톤화를 신는다.

㉢의 반응유형 사례
- 프로구단을 통해 기업을 홍보하고 있다.
- 유명 스포츠 스타가 입은 스포츠웨어가 유행한다.
- 각종 CF에 유명 스포츠 스타가 출연한다.

❧ 채점기준

답안 인정
㉠ 실생활과 관련 있고 국제화에 대한 의미가 포함된 경우
- 올림픽을 통해 다른 나라의 문화를 접한다.
㉡ 실생활과 관련 있고 과학화에 대한 의미가 포함된 경우
- 전신수영복을 입고 수영기록을 단축하였다.
㉢ 실생활과 관련 있고 상업화에 대한 의미가 포함된 경우
- 각종 CF에 유명 스포츠 스타가 출연한다.

답안 불인정
실생활과 관련이 없는 내용이거나, 국제화, 과학화, 상업화에 대한 각각의 의미 이외의 내용

문항		채점내용	소요시간
8	기본 답안	• ㉠ 올림픽을 통해 다른 나라의 문화를 접한다. • ㉡ 전신수영복을 입고 수영기록을 단축한다. • ㉢ 각종 CF에 유명 스포츠 스타가 출현한다.	3분
	인정 답안	• 실생활과 관련 있고 국제화, 과학화, 상업화에 대 한 각각의 의미가 포함된 경우	

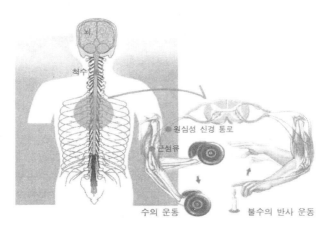

창의력학습 FOCUS

❋ 페인트(paint) 속에 감춰진 과학 원리 알기

페인트(시늉)가 가능한 이유는 인간이 시각 정보를 받아들인 후 행동으로 나타내기까지는 약 0.15초의 최소 반응 시간을 필요로 한다. 즉, 눈으로 본 것에 대하여 의도적인 행동을 하는 데에는 어느 정도의 시간이 필요함을 의미한다. 그러나 속임수 동작과 실제 동작간의 시간 차이가 0.06~0.1초일 때, 실제 동작에 대한 반응 시간이 길어지게 된다. 이러한 동작간의 시간 차이를 적절히 이용하는 것이 페인팅 기술의 원리이다.

운동 신경의 전달 과정

❋ 모두를 위한 스포츠(Sports for All)와 트림(Trim) 운동 알기

세계적으로 알려져 있는 평생체육 활동으로는 모두를 위한 스포츠와 트림 운동을 들 수 있다. 1950년 대부터 시작된 모두를 위한 스포츠는 모든 사람에게 평등한 참가 기회를 보장하며 스포츠 참가를 통하여 건강 증진, 긴장 및 갈등 해소, 사회성 함양 등의 목적을 위해 스포츠를 매개로 한 사회 운동이다. 트림 운동은 노르웨이에서 일어난 평생체육 운동으로 1967년부터 1981년까지 장기 계획에 의해 모든 국민이 언제 어디서나 나이와 성별에 관계없이 신체 활동을 할 수 있도록 하기 위해 추진되었다.

09   [중2] 소프트볼

평가요소

✤ '경쟁 활동의 특성과 가치를 바르게 이해하고, 자신의 삶에서 실천하는 태도를 갖는다.'의 필수학습요소 중 소프트볼경기 타자 규칙 중 타자가 아웃되는 경우 쓰기를 평가요소로 선정한다.

예시문항

9. 그림은 소프트볼경기에서 심판이 아웃 판정한 이유를 타자에게 설명하는 장면이다. 경기에서 타자가 아웃이 되는 ①상황을 두 가지만 쓰시오. [5점]

② ㉠ _____

② ㉡ _____

문항 완성도 높이기

① ~이유 쓰기, ~비교하기, ~서술하기, ~설명하기 등의 다양한 유형의 출제는 서술형 평가에서 무엇보다도 중요한 요소이다.

② 학생들의 광범위한 자율적 반응을 적절하게 제한하기 위해 2개의 답안 유도선과 기호 ㉠, ㉡을 제시하였다. 답안 반응을 제한하지 않으면 2개를 초과하여 작성하는 학생도 있을 것이며 작성 내용 중에 일부는 오답일 수 도 있다. 2개의 유도선과 기호는 개만의 답을 유도하기 때문에 발문에 조건항이 필요 없다.

학생 반응사례 및 채점기준

❂ 반응유형 사례

- 투스트라이크 이후 번트를 시도
- 소극적인 플레이를 했다.
- 투수가 던진 공에 맞았다.
- 3스트라이크가 될 때까지 타격하지 못했다.
- 투스트라이크 이후 번트가 실패
- 높이 뜬 공을 바운드되기 전에 수비수가 잡았다.
- 타격한 공에 내야 수비수가 맞음
- 부정 배트를 사용하였다.
- 페어 그라운드 내로 타격한 공을 수비수가 잡아 타자보다 먼저 1루에 터치하였다.
- 투수 앞으로 타구를 때려냈다.

❂ 채점기준

답안 인정	• 투스트라이크 이후 번트 실패, 3스트라이크, 타격 후 공보다 1루에 늦게 도착, 높이 뜬 플라이 볼 캐치, 부정 배트의 사용에 대한 의미가 포함된 경우
답안 불인정	• 투스트라이크 이후 번트의 의미만 서술한 경우

문항		채점내용	소요시간
9	기본답안	− 다음 내용 중 두 가지를 포함한 경우에 정답으로 인정함 • 타자가 친 공이 땅에 닿기 전에 수비수가 잡은 경우 • 2스트라이크 이후 번트가 실패한 경우 • 타격한 공을 수비수가 잡아 타자보다 먼저 1루에 터치한 경우	3분
	인정답안	• 부정 배트를 사용한 경우 • 기본답안의 의미를 포함하며 용어와 내용에 오류가 없는 경우 인정	

◦ 소프트볼 경기 방법 알기

9명의 선수가 한 팀이 되어 7회까지 두 팀이 공격과 수비를 교대로 한다. 7회까지 동점일 경우에는 승패가 결정될 때까지 전회의 공격에서 마지막으로 타격을 끝낸 선수를 2루 주자로 하여 공격하는 타이브레이크 경기로 진행한다. 즉, 무사 2루에 러너를 두고 공격하여 그 이후 먼저 많은 득점을 한 팀이 승리하게 된다.

◦ 소프트볼 경기 용어 알기

• 투수(피처-pitcher) : 공을 던지는 사람, 언더핸드로만 던진다.

• 포수(캐처-catcher) : 투수가 던진 공을 받는 사람

• 투수와 포수 : 둘을 배터리(battery)라 부른다.

• 내야수 : 1루수, 2루수, 유격수, 3루수

• 외야수 : 우익수, 중견수, 좌익수

• 타자 : 배터박스(batter box) 안에서 투수가 던진 공을 타격하는 사람

• 배트(bat) : 소프트볼 방망이

• 번트(bunt) : 공을 짧게 굴려 상대방을 혼란시키는 번트에는 기습번트와 희생 번트가 있다.

• 페어 히트(안타) : 타자가 때린 공이 1루와 3루 베이스 선의 안쪽에 떨어졌을 때

평가요소

😊 "과학적 원리를 적용하여 농구 경기의 기초 기능을 숙달하고, 실제 경기에서 응용할 수 있다"의 필수학습요소 중 패스의 받기동작에서 충격량을 줄일 수 있는 행동 요령 습득하기를 평가요소로 선정한다.

예시문항

10. 그림은 A, B 학생간의 농구 1:1 패스 동작을 나타낸 것이다.

학생 A(측면)   학생 B(정면)

A학생이 패스한 공을 B학생이 받을 때, ①공에 의한 충격을 최소화하기 위한 방법 두 가지를 〈조건〉에 맞게 서술하시오. (②단, A학생에 의해 패스된 공은 보통의 정상적 패스임) [각 3점]

───────〈 조 건 〉───────
• '충격 시간'과 '접촉 면적'에 관계된 행동 요령을 구체적으로 서술할 것

④첫째: _____

둘째: _____

문항 완성도 높이기

①, ② A학생의 패스가 다른 학생의 패스와는 달리 상당히 빠르거나, 부정확해 그것
이 충격 원인으로 작용할 수 있으므로 충격원인을 명확히 제시하여 문제장면
을 설정하여야 한다.

③ 서술형 평가는 원리의 도출을 평가요소로 하여 문항을 제작할 수 있지만, 원리의
핵심 단어를 제시해 주어 학생들의 사고 과정을 통한 다양한 적용 사례를 요구하
는 평가 방법도 고려해야 한다.

④ 답안의 양을 한정할 때, 글자 수로 한정하는 것 보다 밑줄의 길이로 한정하는
것이 학생 중심의 문항이라 할 수 있다.

학생 반응사례 및 채점기준

● 반응유형 사례

- 두 손으로 아프지 않게 잡는다.
- 손으로 천천히 잡는다.
- 동료에게 공을 천천히 던지도록 한다.
- 손 전체를 사용하여 접촉면적을 넓게 하여 잡는다.
- 충격 받는 시간을 길게 하기 위해 공을 끌어당기면서 잡는다.
- 손으로 공을 감싸 잡는다.
- 손을 내밀어 잡는다.
- 손바닥을 좁게 하여 잡는다.
- 충격 면적을 넓힌다.
- 충격 시간을 길게 한다.

● 채점기준

답안 인정
- 충격량을 줄이기 위해서 접촉면을 넓게 하는 방법으로 다음과
같이 서술한 경우
  - 손바닥을 펴서 잡는다.
  - 공을 감싸듯이 잡는다.
- 충격량을 줄이기 위해서 충격 받는 시간을 길게 하는 방법으로
다음과 같이 서술한 경우

- 손(팔)을 내밀었다가 접으면서(당기면서) 잡는다.
- 팔과 몸의 관절을 구부리며 잡아 충격을 흡수한다.
- 공이 오는 방향으로 나갔다가 뒤로 물러나면서 잡는다.
- 순서대로 두 가지만 채점하며, 세 번째부터는 채점하지 않는다.
- 답안 한 가지에 3점씩 부여한다.

답안 불인정
- 구체적 행동 요령을 서술하지 않고, 시간, 면적과 관계된 과학적 원리만을 단독으로 제시한 경우
- 접촉 면적을 넓힌다.
- 충격 시간을 길게 한다.
- 행동 요령을 구체적으로 서술했지만 '시간', '면적'과 관련되지 않은 내용이거나 틀린 내용
- 손을 내밀어 잡는다.
- 손바닥을 좁게 하여 잡는다.
- 두 손으로 아프지 않게 잡는다.
- 손으로 천천히 잡는다.

문항		채점내용	소요시간
10	기본 답안	• 손바닥을 펴서(감싸듯이) 잡는다. • 팔을 폈다가(손을 내밀었다가) 몸 쪽으로 당겨(구부리면서) 공을 잡는다.	3분
	인정 답안	• 관절의 굴곡을 이용하여 잡는다. • 몸을 뒤쪽으로 이동하면서 잡는다.	

◈ 물체 간의 접촉 면적과 충격 시간이 충격량과 어떠한 상관관계가 있는지
그래프로 그려 봄으로써 운동 수행 결과를 예측·파악하고 다른 운동 종목의 실행에 전이시킬 수 있다.

• 물체 간 접촉 면적과 충격량의 상관관계

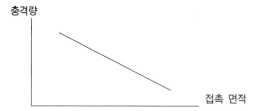

• 충격 시간과 충격량의 상관관계

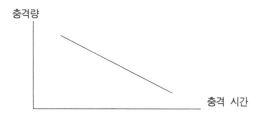

◈ 모든 운동 종목에서 충격량을 적게 해야 좋은 운동 수행 결과를 얻는 것은 아니다. 충격량을 많게
해야 되는 운동 종목과 그 방법을 생각해 봄으로써 발산적 사고를 확대시킬 수 있다.

• 종목 : 야구 타격, 골프 스윙, 라켓운동 등

• 방법 : 충격력을 크게 하기 위해 충격 받는 시간을 짧게 한다.

평가요소

❧ "신체 구성 및 비만에 대해 이해하여 자신의 비만도를 측정하고, 효과적인 방법으로 체중 조절을 할 수 있다."의 필수학습요소 중 비만도 산출 방법과 적절한 운동 종목의 선택하기를 평가요소로 선정한다.

예시문항

11. 허리둘레 120㎝, 엉덩이 둘레 100㎝의 신체 조건을 지닌 학생이 복부 비만을 줄이기 위한 운동 종목을 선택하고자 한다. 이때, 고려해야 할 사항을 〈조건〉에 ①모두 맞게 서술하시오. ②[8점]

> ─────〈③조 건〉─────
> • 복부 비반도 계산 값을 포함할 것
> • 선택할 운동 종목의 주된 신체 에너지 동원 시스템을 제시할 것
> • 선택할 운동 종목의 운동 강도를 '고, 중, 저'로, 운동 지속 시간을 '장, 단'으로 제시할 것

_____

_____

_____

문항 완성도 높이기

① '모두'라는 단어를 넣지 않을 경우 조건 세 가지 중 한 가지만을 충족한 답안도 맞게 해야 되므로 주의를 해야 한다.

② 많은 조건을 충족해야 하는 문제이며, 난이도가 높은 문제이다. 다른 문항과 달리 배점을 고려해야 한다.

③ 답안 조건이 길거나 복잡할 때 조건을 따로 제시하는 것이 좋다.

학생 반응사례 및 채점기준

⚉ 반응유형 사례

- 복부 비만도는 1.2이고, 산소(O2, 유산소, O2)시스템을 이용한 운동 종목을 선택한다. 이러한 운동 종목은 장시간 저강도로 운동하여 (지방을 태워)복부 비만(지방)을 줄이는데 효과적이다.
- 1.2이며, 산소(O2, 유산소, O2)시스템을 이용하고, 장시간 저강도의 운동을 선택한다.
- 복부 비만도는 1.2이고, 무산소(ATP-PC, 젖산)시스템을 이용한 운동 종목을 선택한다. 그리고 (고, 중, 저)강도로 운동하고, (장, 단)시간의 운동하는 종목들을 선택한다.

⚉ 채점기준

답안 인정	• 조건에서 요구하는 세 가지 포함 내용을 다음과 같이 모두 충족하고 내용이 맞는 경우 - 복부 비만도 값은 '1.2'만 답안으로 인정 - '산소 시스템'과 '장시간 저강도' 또는 '저강도 장시간'의 운동을 포함한 내용 • 다음과 같은 용어의 혼용은 답안으로 인정한다. - 산소 시스템 → (O2/유산소/O2, 산소를 활용한) 시스템
답안 불인정	• 조건에서 요구하는 세 가지 포함 내용 중 한 가지의 내용이라도 포함하지 않았거나 틀린 경우 - 복부 비만도 값이 '1.2'이외의 답이거나 포함하지 않은 경우 - '산소 시스템'과 '장시간 저강도' 또는 '저강도 장시간'의 운동을 포함하지 않은 경우 - 무산소 시스템 → (ATP-PC/젖산, 산소를 활용하지 않는) 시스템으로 혼용한 경우

문항		채점내용	소요시간
11	기본답안	• 복무 비만도 계산 값은 1.2이고, (주로) 산소 시스템에 의해 신체 에너지를 동원 받는 장시간 저강도의 운동 종목을 선택한다.	4분
	인정답안	- 다음과 같은 용어의 혼용은 답안으로 인정한다. • 산소 시스템 → (O2/유산소/O2, 산소를 활용한) 시스템 • 장시간 저강도 → 저강도 장시간	

❋ 체중을 조절하는 방법에는 운동에 의한 방법과 식이요법에 의한 방법 **창의력학습 FOCUS**
등이 있다. 하지만 체중을 조절하기 전에 자신의 체중이 정상인지, 비정상인지에 대한 측정과 평가
과정이 있어야 한다. 제시된 문제에서는 복부 비만도를 이용하였지만, 키와 몸무게를 이용한 계산법은
없을까?

• 브로카식 계산법

(1) 자신의 표준 체중을 먼저 구한다.

  ① 남자 : {키(㎝)-100} × 0.9 = ?

  ② 여자 : {키(㎝)-100} × 0.85 = ?

(2) 자신의 브로카 지수를 구한다

  (현재 체중 ÷ 표준 체중) × 100 = ?

(3) (2)의 계산 값을 아래의 해당 지수와 비교해 판정한다.

110미만	110~120미만	120이상
표준 체중	과체중	비만

❋ 체력 운동을 계획할 때 운동의 종류나 1일 운동 시간만을 고려하여 쉽게 실패하는 학생들이 많다.
자신에게 알맞은 운동을 계획할 때 고려해야 할 사항은 어떠한 것들이 있을까?

(1) 절차

> 체력진단→운동처방→운동효과 판정→운동의 재처방
> ↑   ↓
> 운동실시 ← ← ← ← ← ↵

(2) 고려 요소 : 운동의 질적인 면(운동 종목과 운동 강도)
          운동의 양적인 면(운동 시간과 운동 빈도)

(3) 동일 운동 종목을 실시하더라도 운동 강도, 운동 시간, 운동 빈도 등에 따라 효과는 달라질 수
있으므로 자신에게 맞는 운동 종목의 선택과 운동 목적에 부합되는 운동 방법으로 실천하는 것이
중요하다.

12 [고] 네트형 스포츠

평가요소

⟡ "배드민턴의 다양한 기술을 습득하여 실제 경기에서 활용하고 관전할 수 있는 능력을 갖출 수 있다."의 필수학습요소 중 배드민턴의 기술에 대해 알기를 평가요소로 선정한다.

예시문항

12. 그림은 ①배드민턴 경기 중계방송의 일부 장면이다.

중계방송 내용 중 밑줄 친 부분에 해당하는 셔틀콕의 비행궤도를 아래 경기장 그림에 ②화살표로 나타내시오.
(화살표 아래에 배드민턴 기술 명칭도 함께 표기할 것) [6점]

문항 완성도 높이기

① 체육교과의 평가 문항은 문제장면을 학생들의 실생활 주변에서 설정하여 학생들의 문제해결 능력 신장과 창의적 사고에 도움을 줄 수 있어야 한다.
② 서술형 평가는 반드시 글로 써야 되는 것이 아니므로 학생의 사고과정을 그림, 표, 그래프 등 다양한 표현방식으로 이끌어 낼 수 있어야 한다.

학생 반응사례 및 채점기준

◉ 반응유형 사례

- 아래 그림, 그리고 이 그림에서 네트를 중심으로 좌우 대칭인 여러 플라이트 중 하나
- 화살표의 시작과 끝, 플라이트의 범위가 약간 유동적임
- 답안지에 푸시, 드롭 (샷), 발리, (드리븐, 하이)클리어, 서브, 드라이브, 스매시(싱), 헤어핀, 패싱 샷, 커트, 등을 표기

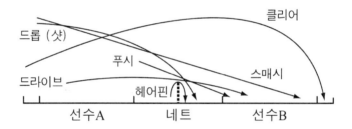

◉ 채점기준

답안 인정

- 플라이트는 일정 범위 유동적이지만, 화살표의 시작은 ㉠의 근처에서 시작이 되어야 하며, 화살표의 끝은 네트와 ㉡의 사이에서 끝나야 한다.
- 추가적으로 답안지에 '드롭 (샷)',이라는 기술 명칭이 명확히 함께 표기되어 있는 경우

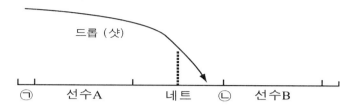

답안 불인정 · 플라이트가 답안 인정의 그림과 다른 경우
· 추가적으로 '드롭 (샷)'을 답안지에 표기하지 않은 경우

문항	채점내용		소요시간
12	기본답안	드롭 (샷) ⑤ 선수A 네트 ⑥ 선수B	3분
	인정답안	· 플라이트는 일정 범위 유동적임을 감안한다. · 드롭 샷 또는 드롭의 용어 혼용은 인정한다.	

❖ 배드민턴 경기는 단식과 복식의 경기 방법에 따라 사용하는 경기장 창의력학습 FOCUS

구역과 서비스 인정 구역도 다르다. 각각의 경기장을 그려보고 이를 표시하여 보자.

코트 사용 영역		서비스 인정 영역	
단식 경기	복식 경기	단식 경기	복식 경기
		※ 단, 상대와의 대각 방향에 한함	

❖ 배드민턴 단식 경기에서 좋은 성적을 얻기 위한 '플라이트 구사' 전술은 어떠한 것들이 있을까?

• 다양한 플라이트를 구사하여 상대방이 많이 움직일 수 있도록 하여 체력을 빠르게 소모시키고 실수를 유발시킨다.

• 상대의 약점을 파악하여 그 방향으로 타구할 수 있는 플라이트를 집중적으로 실시한다.

• 상대방을 한 쪽 코너로 유인 후 결정적인 득점 샷은 반대 방향이나 대각방향으로 실시한다.

평가요소

◈ "스포츠의 과학적 현상을 이해하고 체험하며, 이를 스포츠 활동에 적용하여 효율적으로 수행할 수 있는 능력과 자질을 함양한다."의 필수학습요소 중 운동 종목에 따른 신체의 안정성 분석하기를 평가요소로 선정한다.

예시문항

13. 다음은 신체 중심과 운동 효율성의 관계에 대한 <u>①보고서</u>의 일부이다.

> **보 고 서**
>
> 3학년 1반 ○번 ○○○
>
> 제목 : 신체 중심과 운동 효율성의 관계
>
> 1. 신체의 무게 중심 : 신체의 무게가 평형을 이루는 점
> 2. 신체의 안정성을 높이기 위한 과학적 원리 :
>   가. 기저면을 넓게 한다.
>   나. 신체 무게 중심의 위치를 낮게 한다.
>   다. 물체와 지면 사이의 마찰을 크게 한다.
> 3. 불안정성과 운동 효율성 관계
>   가. 수영의 출발 자세는 빠른 이동이 필요하기 때문에

<u>②항목 2의 내용을 참고하여</u> 3항의 밑줄 친 부분을 완성하되, 신체 중심과 기저면의 상호 위치적 관계에 대해 서술하시오. [6점]

문항 완성도 높이기

① 체육교과의 평가 도구에는 운동 수행 검사, 지필 검사, 체크리스트, 학습 일지, 보고서, 토론법 등 매우 다양한 것을 활용할 수 있다. 또한 이를 이용한 서술형 평가의 문항 제작도 가능하다.

② 가정, 도서관에서는 여러 자료를 이용하여 보고서를 작성할 수 있지만, 평가 현장에서는 기억과 창의에 의존해야 한다. 답안의 도출을 위해 관련 정보를 문항에 제시하여 창의적 사고를 유도할 수 있다.

학생 반응사례 및 채점기준

◉ 반응유형 사례

- (신체의) 무게 중심의 위치가 낮아야 한다.
- 기저면을 넓게 한다.
- 신체의 무게 중심을 기저면 안에 위치시킨다.
- 접촉면과의 마찰력을 가능한 높인다.
- (신체의) 무게 중심을 기저면의 중앙에 가깝게 위치시킨다.
- 자세를 낮추고 중심선이 기저면의 중앙을 통과하게 한다.
- 신체 중심을 기저면의 밖에 위치시킨다.
- 무게를 많이 나가게 한다.
- 기저면의 외부(위, 아래)에 신체 중심을 둔다.

◉ 채점기준

답안 인정	• 신체중심과 기저면의 위치적 상호 관련성을 서술하되, 신체 중심이 기저면의 밖에 있어야 됨을 서술한 경우 - 신체 중심을 기저면의 밖에 위치시킨다. - 기저면을 벗어나 신체 중심을 앞쪽으로 위치하도록 한다.
답안 불인정	• 신체 중심과 기저면 각각에 대하여 서술하거나, 문제 조건에 맞지 않는 내용 - (신체의) 무게 중심의 위치가 낮아야 한다. - 기저면을 넓게 한다. - 신체의 무게 중심을 기저면 안에 위치시킨다.

- 접촉면과의 마찰력을 가능한 높인다.
- (신체의) 무게 중심을 기저면의 중앙에 가깝게 위치시킨다.
- 자세를 낮추고 중심선이 기저면의 중앙을 통과하게 한다.
- 무게를 많이 나가게 한다.
- 물체와 지면 사이의 마찰을 크게 한다.

문항	채점내용		소요시간
13	기본답안	• 신체 중심을 기저면의 밖에 위치시킨다.	3분
	인정답안	• 기저면을 벗어나 신체 중심이 앞쪽으로 위치하도록 한다.	

창의력학습 FOCUS

❖ 스포츠 종목의 운동 수행은 신체의 안정성에 따라 상이한 결과를 반영한다. 안정성이 높을 때와 불안정성이 높을 때를 분리하여 유리하게 적용되는 운동 상황의 예를 들어 보자.

• 안정성이 높은 것이 유리한 경우
 – 유도의 방어자세, 레슬링의 패시브 자세, 배구의 리시브 자세 등

• 불안정성이 높은 것이 유리한 경우
 – 단거리달리기의 출발자세, 높이뛰기나 멀리뛰기 등

❖ 운동 수행 중 외력이 작용할 때 어떤 자세가 안정성을 높일 수 있을까?
 • 기저면을 넓히고, 외력이 작용해 오는 방향으로 몸을 기울여 신체 중심을 이동시킨다.

❖ 운동 시 안정성을 높이기 위한 또 다른 방법은 없을까?
 • 평균대나 외줄타기를 할 때 양팔을 벌려서 이동하면 중심을 잡기에 유리하며, 보다 긴 장대 등의 기구를 이용할 수 있다.

평가요소

❤ "골프 경기의 내용과 방법을 이해하여 스스로 경기를 즐길 수 있고 관람할 수 있다."의 필수학습요소 중 골프 경기에 필요한 심리 기술 알기를 평가요소로 선정한다.

예시문항

14. 다음은 A, B, C 선수가 골프 경기에서 기록한 마지막 4라운드 <u>①경기 결과</u>의 일부이다.

홀	거리	기준 타	선수 A	선수 B	선수 C
16	215	3	더블보기	버디	<u>②더블보기</u>
17	505	5	이글	파	더블보기
18	420	4	파	버디	더블보기

4라운드 15번 홀까지 선수 A, B에게 1타 차이로 선두를 유지하였던 C선수의 최종 경기 결과를 참고하여 골프 경기에서 필요한 심리 기술 요인 두 가지를 추론하시오.(단, 세 번째 답안부터는 채점하지 않음) [각 3점]

     문항 완성도 높이기

① 문항을 구성하는 단어는 신중하게 사용되어야 한다. 위 표는 실제 골프 '경기 기록표'가 아니기 때문에 '결과'라는 단어를 선택했다.

② 숫자로 제시할 경우 학생들은 '기준 타'를 참고하여 C선수가 좋은 성적을 내지

못했다는 것을 추측할 수 있다. 이와 같이 답안과 관계된 추측 요인을 배제하기 위해서 숫자 대신 용어를 제시하는 것도 한 방법이 될 수 있다.

학생 반응사례 및 채점기준

❂ 반응유형 사례

- 긍정적으로 생각하고 여유를 갖는다.
- 샷을 성공시킬 수 있다는 자신감을 갖는다.
- 실패한 샷은 빨리 잊는다.
- 샷 하나하나에 집중한다.
- 상대방의 경기 내용에 대해 지나치게 의식하지 않는다.
- 심리적 안정을 유지한다.
- (지나친) 경쟁의식을 갖지 않는다.
- 반드시 성공시키겠다는 생각을 갖는다.
- 상대방보다 잘 쳤다고 자만하지 않는다.

❂ 채점기준

답안 인정
- 심리적 안정, 집중력, 자신감에 대한 아래의 내용들 중 두 가지를 서술한 경우
  - 샷을 성공시킬 수 있다는 자신감을 갖는다.
  - 긍정적으로 생각하고 여유를 갖는다.
  - 실패한 샷은 빨리 잊는다.
  - 샷 하나하나에 집중한다.
  - 상대방의 경기 내용에 대해 지나치게 의식하지 않는다.
  - 기타 주변 상황에 동요되지 않는다.

답안 불인정
- 과도한 경쟁의식이나 심적 부담을 일으킬 수 있는 요인, 자신감과 집중력 증진의 부정적 요인
  - 경쟁의식을 갖지 않는다. 등
- 다른 선수들보다 좋은 성적을 기록한 내용이 드러난 경우
  - 상대방보다 잘 쳤다고 자만하지 않는다. 등

문항		채점내용	소요시간
14	기본답안	• 심리적 안정, 집중력, 자신감에 대한 긍정적 내용 두 가지를 포함한 경우 - 긍정적으로 생각하고 여유를 갖는다. - 샷을 성공시킬 수 있다는 자신감을 갖는다. - 실패한 샷은 빨리 잊는다. - 샷 하나하나에 집중한다. - 상대방의 경기 내용에 대해 지나치게 의식하지 않는다.	3분
	인정답안	• 기타 주변 상황에 동요되지 않는다.	

창의력학습 FOCUS

* 골프 경기는 잔디 상태, 기후 상황 등에 따라 전략을 바꿔야 한다.
이러한 상황 변화에 따른 스윙 시 유의점을 알아봄으로써 실제 경기에서 활용할 수 있을 것이다.

• 맞바람이 강하게 불 때의 스윙
스윙할 때 맞바람이 강하게 불면 왼쪽으로 중심 이동을 하는 것이 어렵다. 그러므로 백스윙 할 때 왼쪽으로의 중심 이동을 최소화하여야 한다. 이를 위해 백스윙 할 때에는 가급적 체중이 오른쪽으로 이동하지 않도록 연습을 하여야 한다.

• 뒷바람이 불 때의 티 높이 조정
뒷바람이 불면 티를 높이고 , 앞바람이 불면 티를 조금 낮게 꽂도록 한다.

15   [고] 스포츠 경기의 진행 절차와 운영 방법

평가요소

- ☺ "육상 경기의 내용과 방법을 이해하여 스스로 경기를 즐길 수 있고 관람할 수 있다."의 필수학습요소 중 육상 높이뛰기 경기의 순위 결정방법에 대하여 분석하기를 평가요소로 선정한다.

예시문항

15. 표는 육상 높이뛰기 경기에서 ^①상위 3명의 기록만을 나타낸 것이다. 순위 판정 방법(기준)을 우선순위부터 두 가지만 제시하시오. [각 3점]

구 분	145cm	150cm	155cm	160cm	165cm	170cm	^②순위
선수 A	○	○	×○	××○	×○	×××	2
선수 B	○	×−	×○	○	×○	×××	1
선수 C	○	×○	×○	××○	××○	×××	3

^③(○ : 성공, × : 실패(무효), − : 패스)

첫째 : _____

둘째 : _____

문항 완성도 높이기

① 문제장면을 구성할 때 명확한 문항조건을 제시함으로써 학생들의 이의제기를 줄일 수 있고 문항의 내적 타당도를 높일 수 있다. 이 문항에서 '상위 3명'이라는 문항조건이 빠지면 순위를 1, 2, 3위로 결정할 수 없으므로 문항의 오류로 지적될 소지가 있다.

② 순위를 답으로 요구하는 문항으로 제작할 수 있지만, 약간의 추측성이 개입될 수 있다.

③ 표에 제시된 각종 기호는 범례 등으로 제시를 해 주어야 학생들이 문제장면을 정확하게 파악할 수 있다.

학생 반응사례 및 채점기준

☺ 반응유형 사례

- 표의 순위(2, 1, 3)에 따른다.
- 'o'가 많은 선수, 'x'/'-'가 적은 선수
- 165(cm)를 성공한 선수, 160(cm)을 가장 빨리 성공한 선수
- 최고 기록의 선수, 동일 기록에서 성공까지의 시기(횟수)가 적은 선수
- 기록이 가장 좋고, 동일 기록에서 시기(횟수)가 적거나 실패 (무효)가 적은 순으로 한다.
- 동일 기록에서 성공까지의 실패(무효) 시기(횟수)가 적은 선수, 최고 기록이 높은 선수
- 최고 기록이 높은 선수, 동일 기록에서 성공까지의 무효(실패) 시기(횟수)가 적은 선수
- 제일 높이 뛴 선수, (같은 기록에서) 실시 숫자가 적은 선수/ 또는 (같은 기록에서) 'x' 또는 '-'의 횟수가 적은 선수
- 최고 기록에서 도약 횟수가 가장 적은 경기자, 최고 기록의 높이까지 실패 시기 횟수가 가장 적은 경기자

☺ 채점기준

답안 인정

- 첫째 : 최고 기록에서 도약 횟수가 가장 적은 경기자
- 둘째 : 최고 기록의 높이까지 실패 횟수가 가장 적은 경기자
- 165cm를 가장 적은 횟수로 성공한 선수, 165cm를 성공하기까지 실패 횟수가 가장 적은 경기자
- 성공, 실패, 패스의 용어를 각각 'o', 'x', '-'로 옳게 혼용한 경우는 인정함
- 순서대로 채점하되, 한 가지의 답안에 3점씩 부여함

답안 불인정   • 내용은 옳지만 순서가 바뀐 경우
- 첫째 : 최고 기록의 높이까지 실패 횟수가 가장 적은 경기자
- 둘째 : 최고 기록에서 도약 횟수가 가장 적은 경기자
• 165cm을 성공하기까지 실패 횟수가 가장 적은 경기자, 165cm를 가장 적은 횟수로 성공한 선수

문항		채점내용	소요시간
15	기본답안	• 첫째 : 최고 기록에서 도약 횟수가 가장 적은 경기자 • 둘째 : 최고 기록의 높이까지 실패 횟수가 가장 적은 경기자	3분
	인정답안	• 첫째 : 최고 기록에서 실패 횟수가 가장 적은 경기자 • 둘째 : 최고 기록의 높이까지 성공하는데 도약 횟수가 가장 적은 경기자 • 165cm를 가장 적은 횟수로 성공한 선수, 165cm를 성공하기까지 실패 횟수가 가장 적은 경기자	

창의력학습 FOCUS

❖ 스포츠 종목의 경기 규칙이나 순위 결정하는 기준을 이해하는 것은 실제로 경기를 할 수 있는 조건도 되지만 관전을 위한 포인트도 된다. 다른 종목의 순위 결정 방법에 대해서 알아보자.

• 육상 멀리뛰기 경기

횟수 / 선수	1차	2차	3차	4차	5차	6차	순위
선수 A	579cm	×	620cm	622cm	580cm	×	2
선수 B	659cm	×	×	×	×	622cm	1
선수 C	462cm	580cm	×	553cm	577cm	622cm	3

(× : 실패(무효))

평가요소

☻ "농구 경기의 공격과 방어 전술을 익혀 스스로 경기를 즐길 수 있고 관람할 수 있다."의 필수학습요소 중 농구 경기의 방어 전술 이해를 평가요소로 선정한다.

예시문항

16. 그림은 농구 경기의 지역 방어 대형 중 하나를 나타낸 것이다. 이 지역 방어 대형이 갖는 장점을 〈조건〉에 모두 맞게 두 가지만 서술하시오. [각 3점]

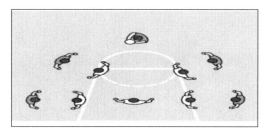

①(검정상의 : 공격자, 흰색상의 : 수비자)

가._____

나._____

<②조 건 〉

• '가'는 수비를 중심으로 '골밑'이라는 단어를 포함하여 한 가지 내용으로만 서술할 것
• '나'는 공격을 중심으로 '속공'이라는 단어를 포함하여 한 가지 내용으로만 서술할 것
• '가', '나' 모두 '골밑의 방어에 효과적이다.', '속공에 효과적이다.' 형태의 답안은 인정하지 않으므로 구체적 상황을 포함하여 서술할 것

문항 완성도 높이기

① 문제장면에 그림과 표 등을 제시할 경우 학생들이 정확하게 파악할 수 있도록
단위, 범례 등의 표시에 주의를 기울여야 한다.

② 핵심 단어를 제시하여 학생답안의 반응 자유도를 줄이고 답안 작성의 형태를
구체적으로 제시해 줌으로써 정확한 채점기준표의 작성에도 도움이 된다.

학생 반응사례 및 채점기준

❂ 반응유형 사례

- 가의 유형 사례
- 골밑의 방어에 (비)효과적이다.
- 하이포스트 공격에 강/약할 수 있다.
- 골밑의 리바운드를 잡는데 유/불리하다.
- 중·장거리(3점) 슛이 좋은 팀에게 강/약하다.
- 골밑의 공격이 강/약한 팀에게는 효과적이다.
- 골밑의 수비수와 수비수 사이의 공격에 강/약하다.
- 1:1 대인 방어보다 골밑 방어의 체력 손실이 많/적다.
- 엔드라인과 코너 부분의 방어를 효과적으로 할 수 있다.
- 나의 유형 사례
- 속공 공격을 비/효과적으로 할 수 있다.
- 상대방의 속공 공격을 효과적으로 차단할 수 있다.
- 공격 차단에 이은 속/지공 공격을 효과적으로 할 수 있다.

❂ 채점기준

가의 답안 인정
- '골밑' 단어 사용과 수비 시 장점인 경우
  - 골밑의 리바운드 잡기에 효과적이다.
  - 골밑의 (하이포스트)공격이 강한 팀에게는 효과적이다.
  - 1:1 대인 방어보다 골밑 방어 시 체력 손실이 적다.

나의 답안 인정
- '속공' 단어 사용과 공격 시 장점인 경우
  - 공격 차단에 이은 속공 연결을 효과적으로 할 수 있다.
  - 골밑의 방어에 이은 속공 연결을 효과적으로 할 수 있다.

- 한 가지의 답안에 두 가지 이상의 내용이 서술된 경우 한 가지로 간주하여 채점함(단, 두 가지 이상 내용이 모두 맞는 경우)
- 한 가지의 답안에 3점씩 부분 점수를 부여함

답안 불인정
- 공격과 수비 상황에 각각 맞는 제시된 단어를 사용하지 않은 경우
- 공격과 수비 상황에 각각 맞는 제시된 단어를 사용했지만 장점의 내용으로 옳지 않은 경우
- 한가지의 내용에 장점과 단점이 혼합되어 작성된 경우

문항		채점내용	소요시간
16	기본답안	• 가. 골밑의 (하이포스트)공격이 강한 팀에게 효과적이다. • 나. 공격 차단에 이은 속공 연결이 효과적이다.	3분
	인정답안	• 가 - 골밑의 리바운드 잡기에 효과적이다. - 1:1 대인 방어보다 골밑 방어의 체력 손실이 적다. • 나. 골밑의 방어에 이은 속공 연결을 효과적으로 할 수 있다.	

※ 농구 경기의 방어 전술은 대인 방어와 지역 방어로 나눌 수 있다.

방어 전술은 상대팀의 공격 전술과 상황에 따라 시기적절하게 대응하여 실행되어야 한다. 이러한 방어 전술의 특징을 이해하고, 실제 경기 장면에서 활용하여 신체적 기능과 창의적 인지 기능의 통합을 추구할 수 있다.

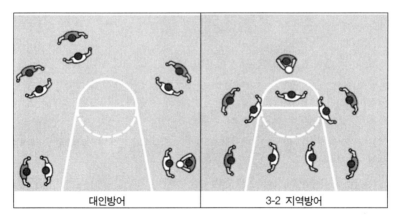

| 대인방어 | 3-2 지역방어 |

- 대인 방어 : '맨투맨(man-to-man)'이라고도 불리는 수비 방법으로 수비수 1명이 공격수 1명을 책임 지고 방어하는 방법이다. 이는 상대 공격수로 하여금 심리적 압박감을 주어 실수를 유발 할 수 있는 장점이 있지만, 강력과 체력이 요구되며 파울을 많이 하는 단점이 있다.
- 지역 방어 : 이 방어 방법은 체력의 소모가 대인 방어보다 적고 속공 전환이 빠른 장점이 있지만, 빠른 패스의 공격과 중·장거리 슛이 좋은 팀에게는 약하다.

나. 음악 Road View 예시

    [중2] 판소리 구성요소

평가요소 선정

> ⊕ 필수학습요소 중 특정요소(평가요소)를 선정한다.
> ⊕ 평가요소는 문항의 내적 타당도와 직결된다는 점을 인식하고, 평가요소를 추출한다.

> ⊕ (예시) "판소리 한 대목을 듣고 따라 부를 수 있다."의 필수학습요소 중 판소리의 구성요소를 알기 위해 춘향가 중 '사랑가'를 평가요소로 선정한다.

문항초안 작성

> ⊕ 문제장면, 답안조건, 평가요소 설정
> 문항제작의 가장 중요한 요소이다. 문제장면이 명확하지 않으면 학문적 오류가 발생하고, 답안조건이 한정되지 않으면 학생 반응의 자유도를 증가시켜 채점이 어렵고, 평가요소가 불분명하면 다양한 인정답안이 발생할 수 있다.
> ⊕ 기본답안 작성, 소요시간, 배(채)점 방법, 인정답안 범위 설정(반응사례) 등을 작성·예측한다.

⊕ 문항초안 (예시)

1. 조선 후기에 발달한 판소리는 한 사람의 소리꾼이 고수의 북장단에 맞추어 긴 이야기를 표현하는 전통 극음악이다. <u>아래의 그림은 판소리의 일부분이다.</u>

문제장면

다음 물음에 답하시오.

(가)   (나)   (다)

(1) <u>(가)~(다) 요소의 이름과 개념을</u> 서술하시오. [3점]

　　평가요소(1)　　　　　　　　　　　배점

(2) 이 곡이 들어간 <u>춘향가의 주요내용</u>을 <u>20자 내외</u>로 서술하시오. [3점]

　　평가요소(2)　　　　답안조건　　　　배점

☙ 기본답안, 인정답안 범위 및 소요시간

문항		채점내용	소요시간
1-(1)	기본답안	• (가) 아니리 : 북은 치게 놓아두면서 말로 하는 부분 • (나) 발림 : 행동이나 동작 • (다) 소리 : 노래하는 것	2분
	인정답안	• (가) 말로 하는 것, 음정 없이 말하는 것 • (나) 행동, 몸짓, 동작, 움직이는 것, 몸으로 표현하는 것 • (다) 소리 : 노래하는 것	
1-(2)	기본답안	• 춘향가, 성춘향과 이몽룡의 사랑과 이별, 행복을 주된 내용으로 한 이야기	2분
	인정답안	• 없음	

문항검토 컨설팅

- 문항검토 컨설팅 과정은 제작과정에서 가장 중요한 과정이다. 동료교사가 많이 참가할수록, 여러 차례 할수록 효과적이다.
- 설정된 조건, 평가요소 정밀검토
  컨설팅 과정을 거쳐 설정된 조건이 명확하면 이의제기가 줄고, 답안조건을 제한하면 학생답안의 자유도를 최소화 할 수 있으며, 평가요소가 정확하면 인정답안을 최소화 할 수 있다. 이 때 동료교사의 의견은 출제자의 문항을 정교하게 하는 역할을 하므로 컨설팅에 긍정적인 태도로 임한다.
- 인정답안 범위, 배(채)점의 타당성, 문제해결 소요시간의 적절성 등도 컨설팅한다.

⊌ 문제장면 컨설팅 (예시)

1. 조선 후기에 발달한 판소리는 한 사람의 소리꾼이 고수의 북장단에 맞추어 긴 이야기를 표현하는 전통 극음악이다. <u>아래의 그림은 판소리의 일부분이다.</u>
   문제장면
   다음 물음에 답하시오.

(가)   (나)   (다)

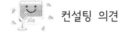 컨설팅 의견

의견1. '조선 후기에 ~ 극음악이다.'라는 긴 문장은 학생들의 문제 풀이에 꼭 필요한 내용인가?

의견2. 문제장면에 '판소리의 일부분'이라는 표현은 정확한가?

의견3. 문제장면의 (가), (다) 그림을 보고 학생들이 '아니리와 소리'로 이해할 수 있을까?

컨설팅 결과반영

의견1의 긴 문장은 꼭 필요한 내용이 아니므로 삭제하고 명확하고 짧은 발문으로 수정한다.

의견2은 '판소리의 일부분'을 '소리꾼의 판소리 연주 장면'이라고 바꾸고, 의견3은 학생들이 '아니리와 소리'를 확실히 구분할 수 있게 (가)에는 '대사로'와 (다)에는 '오선악보'를 첨가해 주도록 한다.

☺ 평가요소 컨설팅 (예시)

다음 물음에 답하시오.

(1) <u>(가) ~ (다) 요소의 이름과 개념을 서술하시오.</u> [3점]
       평가요소(1)   배점

(2) 이 곡이 들어간 <u>춘향가의 주요내용</u>을 <u>20자 내외</u>로 서술하시오. [3점]
       평가요소(2)   답안조건   배점

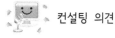

컨설팅 의견

의견1. 평가요소(1)에서 '이름과 개념'에 대한 학생들의 이해가 어려운 것 같다. 좀 더 명확한 단어로 수정하고 3개의 답안이므로 부분점수를 부여하면 좋을 것 같다.

의견2. 평가요소(2)는 음악에서 묻는 평가요소가 아닌 것 같다.

의견3. 답안조건을 '20자 내외'로 제시하면 학생들이 답안 숫자를 세고 있는 경우가 발생하고, '내외'라는 의미가 정확하게 해석되지 않아 밑줄로 제시하는 것이 나을 것 같다.

의견4. 하위문항이 없어지면 '다음 물음에 답하시오'가 없어져야 할 것 같다.

 컨설팅 결과반영

　　의견1에 따라 '구성요소의 명칭과 기능'으로 평가요소를 수정하고 (가), (나),
(다)에 각각 2점씩 부분점수를 부여하며, 의견2, 3은 평가요소가 적절하지 않음으
로 삭제하며, 하위문항이 없어지므로 발문에 '다음 물음에 답하시오'는 삭제한다.

● 기본답안, 인정답안 범위, 소요시간 컨설팅 (예시)

문항	채점내용		소요시간
1	기본답안	• (가) 아니리 : 북은 치게 놓아두면서 말로 하는 부분 • (나) 발림 : 행동이나 동작 • (다) 소리 : 노래하는 것	3분
	인정답안	• (가) 아니리 : 말로 하는 것, 음정 없이 말하는 것 • (나) 발림 : 행동, 몸짓, 동작, 움직이는 것, 몸으로 　　　　　표현하는 것 • (다) 소리 : 노래하는 것	
	부분점수	• (가)~(다) 각 항목별 2점 부여	

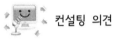 컨설팅 의견

의견 1. 소요시간은 적당하며, 구성요소의 명칭은 아니리, 발림, 소리 이외에는
　　　　정답으로 인정하지 않는 것이 좋겠다.
의견 2. 기능에 대해서는 내용이 이해되면 답안으로 인정하는 것이 좋겠다.

 컨설팅 결과반영

　　의견1, 2를 모두 반영해 명칭은 '아니리, 발림, 소리' 세 개의 단어만 정답으로
인정하며, 기능은 내용이 포함되면 답안으로 인정한다.

최종문항 완성

1. 그림은 소리꾼의 판소리 장면을 나타낸 것이다.

(가) ~ (다) 구성요소의 명칭과 기능을 각각 서술하시오.

(가) _____. [2점]

(나) _____. [2점]

(다) _____. [2점]

서술형 문항 채점기준표

문항		채점내용	소요시간
1	기본 답안	• (가) 아니리 : 북은 치게 놓아두면서 말로 하는 부분 • (나) 발림 : 행동이나 동작 • (다) 소리 : 노래하는 것	3분
	인정 답안	• (가) 말로 하는 것, 음정 없이 말하는 것 • (나) 행동, 몸짓, 동작, 움직이는 것, 몸으로 표현하는 것 • (다) 소리 : 노래하는 것	
	부분 점수	• (가)~(다) 각 항목별 2점 부여	

◎ 핵심Point : 판소리 구성요소(소리, 아니리, 발림)

❋ 판소리의 구성요소에 대한 개념과 관련해 학생의 창의력을 신장시킬 수 있는 평가 방법은 수행평가 시 먼저 실생활에서 쉽게 찾아볼 수 있는 이야기를 간략하게 만든 후 소리, 아니리, 발림, 추임새의 판소리의 구성 요소로 표현할 수 있는 장면을 연결시키는 서술형 평가로 실시하는 것이 효과적이다.

수행평가 예)

이야기와 판소리 구성요소 연결하기

학년/반		3학년 3반	번호/이름	1번 홍길동
주제		생일 축하파티		
내용		창민이의 15번째 생일을 축하하기 위해 친구들이 모였다. 먼저 민수가 모인 친구들에게 말하기를 "애들아, 우리 생일케익의 촛불을 끄기 전에 축하의 말과 생일축하곡을 부르자."라고 하자, 친구들이 모두 박수를 치며 축하곡을 부르기 시작했다. ---------(중략)---------		
구성요소		주요 내용		
소리	예시	생일 축하 합니다. 생일 축하 합니다~~		
	이유			
아니리	예시	애들아, 우리 생일케익의 촛불을 끄기 전에 축하의 말과 생일축하곡을 부르자.		
	이유			
발림	예시	박수를 쳤다.		
	이유			

학생 반응사례 및 인정범위 설정

- 반응유형 사례 검토 협의
  - 기본답안 및 인정답안 범위를 추가로 확정
- 채점방법 협의
  - 공동채점과 개별채점
  - 전체채점과 분할채점

- 반응유형 사례
  - 아니리 : 말로 하는 것, 음정 없이 말하는 것
  - 아니리 : 말로
  - 아니리 : 행동으로 표현한다.
  - 발림 : 행동, 몸짓, 동작, 움직이는 것, 몸으로 표현하는 것
  - 발림 : 행동으로
  - 발림 : 말로 한다.
  - 소리 : 노래하는 것
  - 대사, 지문, 해설
  - 아리아, 레시타티브, 내레이션
  - 희곡, 추임새, 맞장구, 칸초네, 샹송, 민요

- 채점기준

  답안 인정
  - 구성요소의 명칭은 아니리, 발림, 소리로 한정하며, 기능은 내용을 포함하고 있으면 정답으로 인정함
    - 아니리 : 말로 하는 것, 음정 없이 말하는 것
    - 발림 : 행동, 몸짓, 동작, 움직이는 것, 몸으로 표현하는 것
    - 소리 : 노래하는 것

  답안 불인정
  - 구성요소의 명칭이 틀리거나, 기능의 내용이 다르게 포함되면 오답으로 처리함.
    - 대사, 지문, 해설,
    - 아리아, 레시타티브, 내레이션
    - 희곡, 추임새, 맞장구, 칸초네, 샹송, 민요

채점 후 협의

- 특이답안 유형 및 처리를 목표이원분류표와 채점기준표에 반영한다.
  - 목표이원분류표와 채점기준표 수정은 학업성적관리규정에 의거 수행한다.
- 채점결과에 대해 재검과정을 수행한다.

◈ 최종 채점기준표

문항		채점내용	배점	소요시간
1	기본답안	• (가) 아니리 : 북은 치게 놓아두면서 말로 하는 부분 • (나) 발림 : 행동이나 동작 • (다) 소리 : 노래하는 것	6.0	3분
	인정답안	• 아니리 : 말로 하는 것, 음정 없이 말하는 것 • 발림 : 행동, 몸짓, 동작, 움직이는 것, 몸으로 표현하는 것 • 소리 : 노래하는 것		
	부분점수	• (가)~(다) 각 항목별 2점 부여		

창의력학습 FOCUS

◦ 판소리 장면을 구성요소와 결합하기
  판소리 장면이나 내용을 보고 판소리의 구성요소 중에서 적당한 요소를 유추하여 판소리의 내용 및 구성요소를 자기 주도적으로 파악하고 통합하는 능력을 신장시킬 수 있다. 이는 교사의 일방적인 설명보다는 스스로의 이야기를 만들어 낸 후 판소리의 구성 요소에 접목시키는 적극적인 사고과정을 통해 핵심요소에 접근할 수 있다.

  예) 흥부가에 '박타는 대목'을 아니리, 발림, 소리로 만들어 보자.

  흥부가 강남 갔던 제비가 물어 온 박씨를 심고 난 후에 커다란 박을 타는 대목을 상상해 보자. 흥부가 커다란 박을 보며 속에 무엇이 들었을까를 상상하며 '이 박을 자르면 우리 식구들이 배부르게 먹을 수 있겠지?' 하는 기대감을 아니리로 표현, '박타는 행동'을 어떻게 발림으로 묘사할까 생각해 보고, '박타는 즐거움'을 소리로 표현된 장면을 보면서 판소리의 구성요소를 파악해 보자.

◦ 직접 판소리 만들기
  평소 교실에서 일어날 수 있는 이야기들을 판소리 구성요소로 표현해 본다. '급식시간'에 대한 상황을 판소리로 만들어 본다면 아니리, 발림, 소리, 추임새의 판소리의 구성 요소 중 어떤 것이 적합할 지 학생들에게 표현하도록 한다.

  예) 아니리로 작성한다면 : '자, 이제 4교시가 끝나 급식이 시작이로구나!(옳지~) 그럼 오늘은 어떤 분단 이 먼저일까? 아하~ 바로 민수가 속한 1분단인데...'

평가요소 선정

- 필수학습요소 중 특정요소(평가요소)를 선정한다.
- 평가요소는 문항의 내적 타당도와 직결된다는 점을 인식한다.

- (예시)"악보를 보고 표현할 수 있다"의 필수학습요소 중 금수현 곡 '그네'에 표현된 음악적 요소의 악곡 분석을 평가요소로 선정한다.

문항초안 작성

- 문제장면, 답안조건, 평가요소 설정
  문항제작의 가장 중요한 요소이다. 문제장면이 명확하지 않으면 학문적 오류가 발생하고, 답안조건이 한정되지 않으면 학생답안의 자유도를 증가시켜 채점이 어렵고, 평가요소가 불분명하면 다양한 인정답안이 발생할 수 있다.
- 기본답안 작성, 소요시간, 배(채)점 방법, 인정답안 범위 설정(반응사례) 등을 작성 · 예측한다.

● 문항초안 (예시)

2. 다음 곡은 <u>금수현 작곡의 '그네'</u>이다. 물음에 답하시오.

문제장면(1)

문제장면(2)

<u>위 곡을 통해 알 수 있는 음악적 요소를 분석하여 3가지만 서술하시오.</u> [6점]

평가요소   답안조건   배점

※ 답안 작성 시 유의사항

가. 정답은 순서대로 3가지만 채점하고 4번째부터는 채점하지 않습니다.

❸ 기본답안, 인정답안 범위 및 소요시간

문항	채점내용		소요시간
2	기본답안	• Andante 느리게 연주한다. • 가장조, 9/8박자, 작은세도막형식(a+b+c)이다. • 곡의 하이라이트는 마지막 줄의 2번째 마디이다.	3분
	인정답안	• 갖춘 마디로 시작한다. • ⌢가 4개 들어간다.	

문항검토 컨설팅

- ❸ 문항검토 컨설팅 과정은 제작과정에서 가장 중요한 과정이다. 동료교사가 많이 참가할수록, 여러 차례 할수록 효과적이다.
- ❸ 설정된 조건, 평가요소 정밀검토
  컨설팅 과정을 거쳐 설정된 조건이 명확하면 이의제기가 줄고, 답안조건을 제한하면 학생답안의 자유도를 최소화 할 수 있으며, 평가요소가 정확하면 인정답안을 최소화 할 수 있다. 이 때 동료교사의 의견은 출제자의 문항을 정교하게 하는 역할을 하므로 컨설팅에 긍정적인 태도로 임한다.
- ❸ 인정답안 범위, 배(채)점의 타당성, 문제해결 소요시간의 적절성 등도 컨설팅한다.

☺ 문제장면 컨설팅 (예시)

2. 다음 곡은 <u>금수현 작곡</u>의 '그네'이다. 물음에 답하시오.

문제장면(1)

문제장면(2)

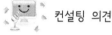 컨설팅 의견

의견1. 문제장면(1)에서 작곡자와 제재곡의 명칭을 제시한 것이 바른가?

의견2. 문제장면(2)에서 악보가 3/8박자라기 보다는 6/8박자처럼 보이기 때문에 학생들의 혼동을 막기 위해 정확한 악보를 제시해야 한다.

의견3. '물음에 답하시오'라는 발문은 하위문항이 없기 때문에 생략해야 하는 것 아닌가?

 컨설팅 결과반영

　　의견1의 작곡가와 명칭은 문제 풀이에 이상이 없으므로 최초문항 그대로 적용하고, 의견2는 정답에 영향을 줄 수 있으므로 정확한 악보로 대체하며, 의견3은 하위문항이 존재하지 않으므로 삭제한다.

☺ 평가요소 컨설팅 (예시)

<u>위 곡을 통해 알 수 있는</u> 음악적 요소를 분석하여 <u>3가지만</u> 서술하시오. <u>[6점]</u>
　　　　　평가요소　　　　　　　　　　　답안조건　　　　　배점

※ 답안 작성 시 <u>유의사항</u>

가. 정답은 순서대로 3가지만 채점하고 4번째부터는 채점하지 않습니다.

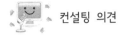 **컨설팅 의견**

의견1. 평가요소에서 음악적 요소의 분석의 발문은 분석할 요소가 많이 나올 수 있어 조건(조성, 박자, 전체 빠르기표의 뜻)을 한정함이 나을 것 같다.

의견2. 평가요소의 "3가지만"이라는 발문은 평가요소에서 조건이 주어지므로 생략하는 것이 나을 것 같다.

의견3. 유의사항에는 학생들이 답안 작성 요령을 나타내야 하므로, 위와 같은 내용은 발문 뒤 단서조항으로 붙이는 게 좋겠다.

 **컨설팅 결과반영**

　　의견1, 2의 컨설팅 의견을 반영하여, '악곡을 주어진 조건에 따라 분석하시오'로 발문을 수정하여 반영하고 '조성, 박자, 전체 빠르기표의 뜻'을 3가지 조건에 포함하며 순서와 상관없이 채점하며 의견3을 반영하여 발문 끝에 '단, 순서대로 3번째까지만 채점하며, 4번째부터는 채점하지 않습니다.'라고 덧붙인다.

🔘 기본답안, 인정답안 범위, 소요시간 컨설팅 (예시)

문항		채점내용	소요시간
2	기본답안	• Andante 느리게 연주한다. • 가장조, 9/8박자, 작은세도막형식(a+b+c)이다. • 곡의 하이라이트는 마지막 줄의 2번째 마디이다.	3분
	인정답안	• 갖춘 마디로 시작한다. • ⌒가 4개 들어간다.	
	부분점수	• ①~③ 각 항목별 2점 부여	

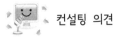 **컨설팅 의견**

의견1. 소요시간이 적당하나, 인정답안의 범위가 광범위해 답안조건을 구체적으로 명시해야 할 것 같다.

의견2. 답안조건을 구체적으로 제시하면 인정답안은 없는 것이 바람직하다.

의견3. 조성의 경우 답안을 '한글로 작성하시오'라고 조건을 제시하면 답안의 범위가 한정될 수 있을 것 같다.

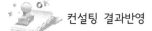 컨설팅 결과반영

　　의견1은 학생들의 답안을 통제하기 위한 필수 조건이므로 반드시 반영하며, 의견2는 조건을 제시한 후 그에 따라 작성하고, 3은 한글이나 원어 모두 답안으로 인정하며 반영하지 않는다.

최종문항 완성

2. 다음 곡은 금수현 작곡의 '그네'이다.

위 곡을 분석하되, 아래 조건을 모두 포함하여 설명하시오.
(각 조건마다 2점씩 부분점수가 부여됩니다.) [6점]

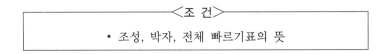

＜조 건＞

• 조성, 박자, 전체 빠르기표의 뜻

서술형 문항 채점기준표

문항		채점내용	소요시간
2	기본답안	• 조성은 가장조, 박자는 9/8박자이며, 전체 빠르기표의 뜻은 느리게이다.	3분
	인정답안	• 조성 : A-Major, A장조 • 박자 : 한 마디에 8분음표가 9개, 8분의 9박자	
	부분점수	• ①~③ 각 항목별 2점 부여	

◎ 핵심Point : 악곡 분석(두도막 형식)

❋ 악곡 분석을 통한 창의력 신장 방법은 수업시간에 함께 노래했던 창의력평가 F●CUS
제재곡을 학생 스스로가 악곡을 분석하며 음악적 구성요소를 찾아내고 적용함으로써 길러지며, 서술
형 형성평가를 통해 구체적으로 표현해보는 것이 효과적이다.

수행평가 예)

악곡 분석하기

학년/반	3학년 3반	번호/이름	1번 홍길동
주제	악곡 분석		
제재곡			
박자	4/4박자		
조성	바장조		
전체 빠르기말	Andante, 느리게		
형식	두도막 형식 : A(a+b) - B(b'+b)		
기타 특징	못갖춘마디(여린내기) 등		

학생 반응사례 및 인정범위 설정

⊛ 반응유형 사례 검토 협의
  - 기본답안 및 인정답안 범위를 추가로 확정
⊛ 채점방법 협의
  - 공동채점과 개별채점
  - 전체채점과 분할채점

⊛ 반응유형 사례
  • 조성은 가장조, 박자는 9/8박자이며, 전체 빠르기표의 뜻은 느리게이다.
  • 조성은 A장조, 박자는 9/8, 느리게이다.
  • 조성은 가장조, 박자는 8/9박자, 빠르기표 뜻은 느리게이다.
  • 조성은 다장조, 박자는 9/8박자, 빠르기표 뜻은 느리게이다.
  • 사장조, 9/8박자, 빠르게
  • 가장조, 한 마디에 8분음표가 9개, 보통 빠르게
  • 사장조, 9/8박자, 느리게
  • 바장조, 9/8박자, 느리게

⊛ 채점기준

답안 인정	• 조성, 박자, 전체 빠르기표의 뜻이 맞는 경우 정답으로 인정 - 조성 : 가장조, A-Major, A장조 - 박자 : 9/8박자, 한 마디에 8분음표가 9개 - 전체 빠르기표의 뜻 : 느리게 연주한다, 느리게
답안 불인정	• 조건에 맞지 않는 답안은 불인정하나, 조건당 2점씩 부분점수 부여 - 조성 : 다장조, 사장조, 바장조 등 - 박자 : 8/9박자 - 전체 빠르기표의 뜻 : Andante, 빠르게 연주한다, 빠르게, 보통 빠르기로 연주한다.

채점 후 협의

⊕ 특이답안 유형 및 처리를 목표이원분류표와 채점기준표에 반영한다.
  – 목표이원분류표와 채점기준표 수정은 학업성적관리규정에 의거 수행한다.
⊕ 채점결과에 대해 재검과정을 수행한다.

⊕ 최종 채점기준표

문항		채점내용	배점	소요시간
2	기본답안	• 조성은 가장조, 박자는 9/8박자이며, 전체 빠르기표의 뜻은 느리게이다.	6.0	3분
	인정답안	• 조성 : A-Major, A장조 • 박자 : 한 마디에 8분음표가 9개 • 전체 빠르기표의 뜻 : 느리게 연주한다.		
	부분점수	• 조성, 박자, 전체 빠르기표의 각 항목별 2점씩 부여		

◆ 기악곡에 표현된 음악요소 파악하기

문제에 제시된 성악곡을 다른 기악곡에 적용시켜 해석하거나 연주할 때 어떠한 음악적 표현이 적합할지 학생들에게 생각하게 하면 자기 주도적으로 파악하고 통합하는 능력을 신장시킬 수 있다.

예) 아래 악보는 스메타나의 교향시 '나의 조국' 중 2곡 '몰다우'이다. 학생들에게 음악을 들려주고 악보를 제시하되 악상 기호는 삭제한 후 음악적으로 표현하기 위해 사용할 수 있는 요소는 어떤 것이 있을지 학생들에게 직접 표기해보도록 한다. 작곡자가 표현한 것을 비교해보며 자신의 생각과 어떠한 차이가 있는지 발표해 보자.

◆ 여러 상황에 맞는 음악적 표현하기

'노래를 부른다면' 또는 '악기로 연주한다면' '합창을 한다면' '발표를 하는 상황이라면' 등 여러 경우에 대해 생각해 봄으로서 음악적 표현이 달라질 수 있다는 발산적인 사고를 할 수 있다.

예1) 제재곡을 현악기인 바이올린으로 연주할 때와 금관악기인 트럼펫으로 연주할 때 음악적 표현은 어떻게 될까?

예2) 합창으로 노래할 때와 무대에서 독창으로 발표를 할 때는 어떻게 표현이 달라져야 할까?

평가요소

- 👄 '화음 밖에 음(비화성음)의 기능을 이해하고 설명할 수 있다'는 필수학습요소 중 악보에 나타난 화음 밖의 음을 평가요소로 선정한다.

예시문항

3. ①악보는 '화음 밖의 음(비화성음)' 사용 여부를 (가), (나)로 구분하여 나타낸 것이다. (나)에서 '화음 밖의 음'을 사용한 목적에 대해 〈조건〉을 모두 고려하여 서술하시오. [5점]

┌────────────〈조 건〉────────────┐
│ • ②가락을 기준으로 사용 의도를 서술할 것.   │
│ • '화음 밖의 음(비화성음)'의 효과와 대비할 것   │
└──────────────────────────────┘

문항 완성도 높이기

① '화음 밖의 음(비화성음)'의 이해를 높이기 위해 서로 대비되는 악보를 제시한다.
② '가락을 기준으로'라는 조건을 제시하여 개방적인 답안을 한정하였고, '화음 밖의 음(비화성음)'의 효과와 대비의 조건을 주어 답안 도출에 도움을 주었다.

학생 반응사례 및 채점기준

● 반응유형 사례

- 일정한 형태와 규칙을 지켜 자연스럽고 아름다운 가락을 만드는 음들을 말한다.
- 가락을 아름답게 표현하기 위해서이다.
- 가락을 단순하지 않게 하기 위해서이다.
- 가락을 재미있게 하기 위해서이다.
- 다르게 하기 위해
- 화음을 알맞게
- 리듬을 다양하게
- 화음 밖에 있는 음이다.

● 채점기준

답안인정	• 가락을 변화시킨다는 의미가 포함되는 답안을 정답으로 인정함 – 일정한 형태와 규칙을 지켜 자연스럽고 아름다운 가락을 만드는 음들을 말한다. – 가락을 아름답게 표현하기 위해서이다. – 가락을 단순하지 않게 하기 위해서이다. – 가락을 재미있게 하기 위해서이다.
답안 불인정	• 가락을 위주로 설명하지 않은 경우 – 다르게 하기 위해 – 화음을 알맞게 – 리듬을 다양하게 – 화음 밖에 있는 음이다.

문항		채점내용	소요시간
3	기본답안	• 일정한 형태와 규칙을 지켜 자연스럽고 아름다운 가락을 만드는 음들을 말한다.	3분
	인정답안	• 아름답게 표현, 재미있게, 다르게, 단순하지 않게 하기 위해서 등과 의미가 통하는 답안	

✦ 창의력 키우기 : '화음 밖에 음'과 '불협화음'

슈베르트의 가곡 '마왕'에서는 아이가 불안하게 노래하는 소리를 불협화음으로 묘사했다. 이는 '화음 밖의 음'이 보다 자연스럽고 아름다운 가락을 만드는 방법인 것 같이 '불협화음'도 강조하고 싶은 장면을 더욱 두드러지게 표현하는 화성기법이란 것을 알 수 있다.

학생들에게도 제재곡에서 구성음이나 화음을 변화시키도록 한 후 변화된 가락이나 화음을 들려주고 그 느낌에 대해 토의하면서 음악에 대한 재미를 늘려 가는 것이 바람직하다.

평가요소

- ❖ '화음반주와 펼침화음반주(분산화음)을 이해하고 설명할 수 있다'는 필수학
  습요소 중 화음에 따른 반주 음형을 평가요소로 선정한다.

예시문항

4. 다음은 화음반주를 펼침화음반주(분산화음)로 바꾸어 연주한 것을 나타낸 것이다.

아래 악보를 펼침화음반주로 연주하고자 한다. 〈조건〉을 고려하여 악보를 작성
하시오. [5점]

```
─────────────〈조 건〉─────────────
• ②비화성음이 포함되지 않도록 작성할 것
• V화음의 구성음이 다 들어가도록 작성하되, 펼침화음반주를
  활용할 것
```

문항 완성도 높이기

① 학생들의 창의력을 신장할 수 있는 문제이며, 화음반주와 펼침화음반주의 관계를 파악하기 위해 예시 악보를 제시해 음형의 변화과정을 이해시켰다.

② '비화성음이 포함되지 않도록'이라고 조건을 제시하면 답안의 범위를 한정시킬 수 있다.

③ 답안지에 오선지와 음자리표, 박자를 그려 주는 것도 답안작성을 편리하게 하는 방법이 될 수 있다.

학생 반응사례 및 채점기준

◉ 반응유형 사례

◉ 채점기준

답안인정

• 솔시레 음이 모두 들어가고, 비화성음이 없는 경우

  – 솔로 시작하는 경우,

  – 시로 시작하는 경우,

• 레로 시작하는 경우,

답안 불인정   • 솔시레 중 한 음 이상 제외되거나, 비화성음이 포함된 경우

문항		채점내용	소요시간
4	기본답안		2분
	인정답안	솔시레 음이 모두 들어가고, 비화성음이 없는 경우	

※ **음자리표에 따른 기보법 익히기**

창의력학습 FOCUS

분산화음을 기보하는 문제는 펼침화음반주에 대한 이해를 묻는 문제이기도 하지만 한층 더 발전한다면, 낮은음자리표나 가온음자리표를 제시해서 음자리표에 대한 기보법의 이해를 높일 수 있는 음악이론분야의 수행평가에도 효과적이고, 직접 여러 음자리표에 악보를 그려 봄으로써 독보능력도 크게 향상되어 가창이나 기악활동에 많은 도움이 될 것이다.

평가요소

● '다장조 조성을 이해하고 이를 리코더로 연주할 수 있다.'는 필수학습요소 중 다장조의 가락과 변화표의 이해에 따른 리코더 연주법을 평가요소로 선정한다.

예시문항

5. 리코더로 아래 악보를 연주하고자 한다.

　　　　　　　　A　B

①리코더 운지법에 맞게 A와 B음을 검게 표기하시오. [4점]

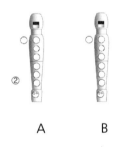

　　　　A　　　　　B

※ 답안작성 시 유의사항

가. ③A, B 각각 부분 점수가 2점씩 부여됩니다.

나. A, B의 순서에 맞게 작성하기 바랍니다.

문항 완성도 높이기

① 악곡의 중요한 운지법을 악기에 직접 표시해 봄으로써 정확한 음정과 운지법을 익히는 효과가 있다.

② 학생들의 이해도를 높이기 위해 리코더의 그림을 제시하면 좋다.

③ 부분 점수가 있을 경우에는 발문 끝에 표시하거나 '답안 작성 시 유의사항'에 답안 작성요령과 함께 표시해주는 것이 좋다.

학생 반응사례 및 채점기준

❤ 반응유형 사례

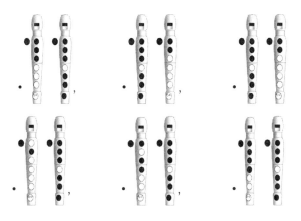

❤ 채점기준

답안 인정	• 두 음의 운지법이 정확해야 답안으로 인정함

답안 불인정	• 기본답안 이외의 운지법은 모두 답안 불인정함

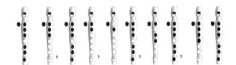

문항	채점내용			소요시간
5	기본답안			2분
	인정답안	• 없음		
	부분점수	• A, B 각각 2점씩 부여		

• 공연 감상하기

음악의 3요소는 작곡, 연주, 감상이라고 한다. 특히 이 중에서도 감상은 제 2의 연주라고 하는데 감상자가 없다면 연주는 무의미한 일이 될 것이다. 많은 학교에서 학생들에게 연주회를 감상하는 숙제를 부여한다. 하지만 청소년에게 클래식 공연의 진지한 감상을 기대하기란 쉽지 않다. 성인들도 1시간 반 가량의 클래식 연주를 재미있게 감상하기 어려운데 하물며 중고생들은 더욱 지루해 할 것이 분명하다. 그런데 다행인 것은 다양한 클래식 무대가 공연되고 있어 학생들뿐만 아니라 일반인도 쉽게 클래식을 접할 수 있는 해설과 친숙한 악곡들을 들으면서 점점 클래식과 친해질 수 있게 되었다. 음악과 친해지기, 이것이야 말로 음악교육의 본질이며, 음악에 대한 이야기를 써내려가는 것, 이것이 바로 음악 서술형 평가의 영역이다.

06   [중2] 대취타

평가요소

- ❧ '악곡(대취타)의 특징을 이해하고 설명할 수 있다.'는 필수학습요소 중 대취
타의 특징 이해와 연주 목적을 평가요소로 선정한다.

예시문항

6. 다음은 ^①전통음악 연주장면에 관한 자료이다.

- 일명 무령지곡 또는 구군악이라고도 한다.
- 나발, 나각, 태평소 등의 관악기와 자바라, 징, 용고 같은 타악기로 편성된다.
- 시작할 때 집사가 '명금일하 *** 연주 하랍신다'라는 말을 한 후 연주가 시작된다.

위 기악곡의 ^②연주목적을 서술하되, ^③명칭을 포함하시오. [5점]

    문항 완성도 높이기

  ① 대취타 장면을 시각적으로 제시하여 대취타의 연주명칭을 유추할 수 있도록 했다.

② 대취타의 설명을 제시함으로써 '연주목적'을 추출할 수 있도록 했다.

③ 선다형의 경우 명칭을 평가요소로 선정한 경우가 많이 있었으나 서술형 평가에서는 명칭과 함께 목적이나 결과 등을 포함한 발문을 통해 학생들의 사고과정을 알아볼 수 있다.

학생 반응사례 및 채점기준

❂ 반응유형 사례

- 임금 행차나 군대 행진할 때 연주하는 대취타이다.
- 대취타이며, 임금 행차나 군대 행진할 때 연주한다.
- 대취타이며, 왕의 거동이나 장수의 개선행진 때 연주한다.
- 대취타이며, 행진곡으로 사용한다.
- 종묘제례악이며, 임금 행차나 군대 행진할 때 연주한다.
- 취타이며, 임금 행차나 군대 행진할 때 연주한다.
- 판소리이며, 임금 행차나 군대 행진할 때 연주한다.
- 민요이며, 임금 행차나 군대 행진할 때 연주한다.
- 궁궐에서 행사할 때 쓰인 음악이다.
- 궁궐에서 연회 때 쓰인 음악이다.
- 조선시대 제사에 쓰이던 음악이다.

❂ 채점기준

답안 인정	• 명칭은 대취타만 인정하며, 연주목적은 의미 상 행차, 행진, 개선 등의 단어가 들어가면 인정함
	− 임금 행차나 군대 행진할 때 연주하는 대취타이다.
	− 대취타이며, 임금 행차나 군대 행진할 때 연주한다.
	− 대취타이며, 왕의 거동이나 장수 개선행진 때 연주한다.
	− 대취타이며, 행진곡으로 사용한다.
답안 불인정	• 다른 명칭과 연주목적이 쓰인 답안
	− 종묘제례악, 취타, 행진곡, 민요
	− 궁궐에서 행사할 때 쓰인 음악이다.
	− 조선시대 제사에 쓰이던 음악이다.

문항	채점내용		소요시간
6	기본답안	• 임금 행차나 군대 행진할 때 연주하는 대취타이다.	3분
	인정답안	• 대취타이며, 왕의 거동이나 장수의 개선행진 때 연주한다. • 대취타이며, 행진곡으로 사용한다.	

❋ 학생들에게 음악에 대해 그림이나 만화, 포스터 등으로 나타내게 하면
학생들이 훨씬 구체적으로 음악을 이해할 수 있다. 학생의 눈으로 본 대취타를 만화로 그려보면 다음
과 같다.

평가요소

- ✺ '여러 가지 장단을 이해하고 이를 구음으로 표현할 수 있다.'는 필수학습요소 중 굿거리장단의 정간보 작성요령을 평가요소로 선정한다

예시문항

7. 다음 장구악보를 ^①정간보의 형식에 맞게 바꾸어 작성하되, 〈조건〉을 고려하여 적으시오. [4점]

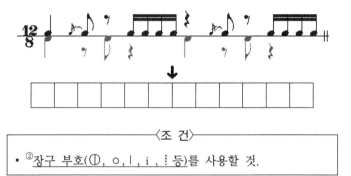

〈조 건〉

- ^②장구 부호(①, ○ | , ¡ , ¦ 등)를 사용할 것.

문항 완성도 높이기

① '정간보에 옮기시오'라고 발문할 경우 악보의 음표를 그대로 옮기는 학생이 있으므로 '정간보의 형식에 맞게 바꾸어' 작성하도록 발문한다.
② '장구 부호로 그리시오'라고 발문할 경우, 학생들은 '덩, 기덕' 등으로 표현하는 경우가 많이 있으므로 장구 부호의 예시를 적어주는 것이 좋다.

학생 반응사례 및 채점기준

❂ 반응유형 사례

- | ⊘ | i | ○ | ⋮ | ○ | i | ○ | ⋮ | |

- | 덩 | | 기덕 | 쿵 | 더러 | 러러 | 쿵 | | 기덕 | 쿵 | 더러 | 러러 |

- | ⊘ | i | ○ | ⋮ | ○ | i | ○ | | ⋮ |

- | ⊘ | i | ○ | | ǀ | ○ | i | ○ | ǀ |

- | ⊘ | i | ○ | ⋮ | ⊘ | i | ○ | | ⋮ |

- | ⊘ | i | ○ | ǀ | ○ | i | ○ | ǀ |

- | ⊘ | | ǀ | ○ | ⋮ | ○ | | ǀ | ○ | ⋮ |

❂ 채점기준

답안인정

- 장구부호를 정확히 기입한 경우

| ⊘ | i | ○ | ⋮ | | ○ | i | ○ | ⋮ | |

답안 불인정

- 구음으로 기입하거나 장구부호가 틀린 경우

| 덩 | | 기덕 | 쿵 | 더러 | 러러 | 쿵 | | 기덕 | 쿵 | 더러 | 러러 |

| ⊘ | i | ○ | | ⋮ | ○ | i | ○ | | ⋮ |

| ⊘ | i | ○ | | ǀ | ○ | i | ○ | ⋮ |

문항	채점내용		소요시간
7	기본답안	⊘ i ○ ⋮ ○ i ○ ⋮	2분
	인정답안	• 없음	

* 정간보 익히기

정간보는 전통음악을 다루는 데 있어 매우 중요한 요소이다. 음가를 눈으로 파악할 수 있는 장점이 있다. 그런데 학생들은 정간보에 쓰여져 있는 한문 때문에 흔히 정간보보다는 오선보를 사용하는 경향이 있다. 또한, 정간보를 보고 연주한다고 하더라도 한글을 기입해 놓고 사용하기도 한다. 그런데 한글로는 청성(淸聲)과 탁성(濁聲)을 단번에 파악하기가 힘들어 전통음악에 쓰이는 율명, 중(仲), 임(林), 무(無), 황(潢), 태(太)의 5개를 완벽하게 외우고 쓰는 연습이 선행되어야 한다. 그런 후에 청성(淸聲)과 탁성(濁聲)의 원리를 가르쳐 쉽게 모든 율명을 파악할 수 있어야 하겠다.

이는 처음 음악을 배울 때 오선지와 음표를 익혀 독보능력을 키우는 것과 같은 원리로 정간보로 읽고 쓰는 연습이 되지 않으면 전통음악을 연주하는 능력이 향상되지 않을 것이다.

평가요소

♻ '노래형식(AB, ABA)을 이해하고 악곡 분석 후 그 구조를 AB형식으로 나타낼 수 있다.'는 필수학습요소 중 두도막 형식을 평가요소로 선정한다.

예시문항

8. 다음의 ^①악곡 형식을 〈조건〉에 모두 맞게 고려하여 분석하시오. [5점]

───〈^②조 건〉───

• 가락을 중심으로 분석할 것.
• 다음의 예시를 참조하여 구조화시켜 나타낼 것.
※ 예시) 세도막 형식일 경우 : A(a+b) - B(c+d) - C(e+f)

문항 완성도 높이기

① 학생들의 악곡 형식 분석에 관한 문제는 전체 악곡을 제시하는 것이 전체적인

이해를 높이는 방법이다.

② 조건을 제시함으로써 정답을 구조화시키는 데 도움을 주도록 하였고 답안 조건
이 길거나 복잡한 경우에는 조건을 따로 제시해 주는 것이 좋다.

학생 반응사례 및 채점기준

☸ 반응유형 사례

- A(a+b) - B(c+b)
- A(A+B) - B(C+B)
- A(a+b) - B(c+d)
- A(a+b) - B(b'+b'')
- A(a+b) - B(c+d')
- A(a+b) - B(a'+b')
- A(a+b) - B(c+a')
- A(a+b) - B(b'+a')
- A(a+b) - A(a+b')

☸ 채점기준

답안인정	• 큰악절 및 작은악절을 정확히 분석한 경우 - A(a+b) - B(c+b)
답안 불인정	• 한 악절이라도 틀린 경우 - A(A+B) - B(C+B) - A(a+b) - B(c+d) - A(a+b) - B(b'+b'') - A(a+b) - B(c+d') - A(a+b) - B(a'+b') - A(a+b) - B(c+a') - A(a+b) - B(b'+a') - A(a+b) - A(a+b')

문항		채점내용	소요시간
8	기본답안	• A(a+b) − B(c+b)	3분
	인정답안	• 없음	

◈ 음악 듣고 중요 특징 찾아내기

학생들이 하나의 악곡을 듣고 음악을 분석하기란 여간 어려운 일이 아니다. 특히나 음악적 지식이 많지 않은 요즈음 학생들에겐 더욱 그렇다. 따라서 독보능력이 부족한 학생들을 위해 제시된 악보를 건반으로 연주된 음악을 준비해 들려준다면 좀 더 음악을 구체적으로 받아들일 수 있다. 그리고 무엇보다도 평소 음악을 많이 듣기를 생활화하고 하나의 악곡에서 가장 두드러지는 특징을 감지하여 이를 설명할 수 있는 능력을 키우도록 지도해야 한다.

◈ 성악곡과 기악곡 구분하기

성악곡과 기악곡의 형식은 음악의 매우 중요한 요소이다. 따라서 학생들이 음악을 통해 먼저 성악곡인지 기악곡인지를 파악한 후 자세한 형식을 찾아가는 것이 바람직하며, '나무만 보다가 숲을 보지 못하는' 오류를 범하지 않도록 유의해야 한다. 그리고 어느 시대에 작곡한 곡인지 파악하면 그 곡에 대한 해석이 훨씬 쉬워진다는 것을 기억하자.

평가요소

☻ '악곡의 형식적 요소를 파악하며 감상하고 이해할 수 있다.'는 필수학습요소
중 '메기고 받는 형식'을 평가요소로 선정한다.

예시문항

9. 다음은 경상도 민요 '밀양아리랑'이다. ^①악곡을 듣고 물음에 답하시오.

(가) 소리

(나) 소리

(가), (나)에 해당하는 소리의 명칭을 포함하여 ^②가창형태를 비교하시오. [5점]

문항 완성도 높이기

① 음악을 이해하기 위해서는 실제 음악을 들으면서 메기는 소리와 받는 소리의 차이점을 이해하고 설명하는 것이 중요하며 음악은 1절을 들려준다.

② 답안조건을 가창형태로 제한해 '메기는 소리는 혼자서, 받는 소리는 여럿이서 부른다'는 핵심적인 내용을 알고 있는지를 파악하는 문제이다.

학생 반응사례 및 채점기준

◉ 반응유형 사례

- 메기는 소리는 독창이고, 받는 소리는 제창이다.
- 메기는 소리는 독창이고, 받는 소리는 합창이다.
- 메기는 소리는 선창이고, 받는 소리는 후창이다.
- 메기는 소리는 혼자서 부르고, 받는 소리는 여럿이 한 가락을 동시에 부른다.
- 앞소리는 앞에서 부르고, 뒷소리는 뒤에서 부른다.
- 메기고, 받는, 메기고 받는다.
- 앞선, 뒷선, 앞에서 소리내고, 뒤에서 소리낸다.

◉ 채점기준

답안인정	• (가), (나)에 들어가는 용어는 반드시 '메기는'과 '받는'이 들어가야 하며 설명은 아래의 의미를 포함하고 있으면 정답으로 인정 - 메기는 소리는 독창이고, 받는 소리는 제창이다. - 메기는 소리는 선창이고, 받는 소리는 후창이다. - 메기는 소리는 혼자서 부르고, 받는 소리는 여럿이 한 가락을 동시에 부른다.
답안 불인정	• 용어가 틀리거나 설명이 다른 의미인 경우 - 메기는 소리는 독창이고, 받는 소리는 합창이다. - 앞소리는 앞에서 부르고, 뒷소리는 뒤에서 부른다.

문항		채점내용	소요시간
9	기본답안	• 메기는 소리는 혼자서 부르고, 받는 소리는 여럿이 한 가락을 동시에 부른다.	4분
	인정답안	• 메기는 소리는 독창이고, 받는 소리는 제창이다. • 메기는 소리는 선창이고, 받는 소리는 후창이다.	

❖ 민요 부르기

민요 영역에서의 핵심 요소는 '지역, 형식, 장단'이라고 할 수 있다. 학생들이 어떠한 민요라도 이 세 가지를 확실히 알고 있다면 우리 민요에 대한 자신감이 생길 것이다. 따라서 주요 민요에 대해 '지역, 형식, 장단'을 작성하는 연습을 통해 민요에 대한 이해를 높인 후, 실제 민요를 부르고 단소로 연주하며 장구장단을 익힘으로써 민요에 대한 종합적인 이해와 활용을 한다면 민요를 친숙하게 느끼게 될 것이다. 또한 민요가 불려지는 지역적 특성을 이해함으로써 우리 문화에 대해 좀 더 다가갈 수 있으리라 생각한다.

평가요소

◉ '마침꼴(V-I)을 이해하고 다장조 악보로 표기할 수 있다.'는 필수학습요소 중 화음진행을 평가요소로 선정한다.

예시문항

10. ^①다장조의 마침꼴 합창이 되도록 ^②(가)~(라)의 화음기호를 각각 적고 이에 해당하는 3화음을 그리시오. (단, 조건을 고려하여 작성할 것) [5점]

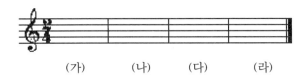

          (가)   (나)   (다)   (라)

─〈조 건〉─
• 화음기호는 ^③ I, IV, V7을 사용할 것.
• (가)~(라)에 해당하는 화음은 2분음표를 사용할 것.

문항 완성도 높이기

① 다장조의 마침꼴 합창을 이해시키기 위한 적용 문제이며, 학생들의 수준에 맞추어 다른 조성을 선택할 수 있다.

② '(가)~(라)의 화음기호를 각각 적으시오' 라는 문장은 학생들이 정답을 정확하게 작성할 수 있도록 이해시키기 위함이다.

③ 학생 답안의 자유도를 줄이기 위해 조건을 명확하게 제시함으로써 문항의 완성도를 높인다. 특히 화음기호를 제시함으로써 기본답안의 방향을 제시해 주었다.

학생 반응사례 및 채점기준

❂ 반응유형 사례

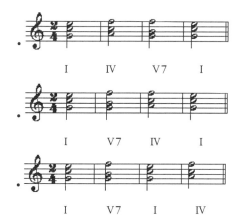

❂ 채점기준

답안인정	• 화음의 구성음이 맞으며 자리바꿈도 정답으로 인정

답안 불인정	• 화음 진행 순서가 바뀌면 틀림

문항	채점내용		소요시간
10	기본답안	 　　　I　　　　IV　　　V7　　　I	3분
	인정답안	• 화음만 맞게 표기하면 정답으로 인정	

* 음악 즐기기

다장조의 마침꼴 합창을 통해 기본적인 화음 진행을 익힌 후 다른 장조나 단조로 확대시켜 나가는 것이 좋다. 또한 악보를 그리는 것만으로 끝나는 것이 아니라 음악은 온 몸으로 익혀야 하며 또한 음악을 하는 자체가 즐거워야 한다. 이는 모차르트의 한 일화를 살펴보면 우리에게 많은 시사점을 안겨 준다.

모차르트가 어렸을 때 한 기자가 어떻게 연습하면 당신처럼 피아노를 잘 칠 수 있냐고 묻자 모차르트는 이렇게 대답했다고 한다.

Wolfgang Amadeus Mozart.

뭐 따로 연습이랄 건 없구요... 그냥 친구들하고 눈 가리고 피아노치기나 오른손 왼손 바꿔치기 등을 하고 놀았을 뿐이에요^^

평가요소

◈ '마침꼴(V-I)을 이해하고 다장조 악보로 표기할 수 있다.'의 필수학습요소 중 완전 바른마침과 못갖춘 바른마침을 평가요소로 선정한다.

예시문항

11. 악보는 <u>①바른마침의 종류</u>를 구분하여 나타낸 것이다. (가), (나)의 차이점을 〈조건〉에 맞게 비교하시오. [5점]

갖춘(완전) 바른마침   못갖춘(불완전) 바른마침

(가)   (나)

〈조 건〉

• 소프라노(Soprano)의 <u>②끝나는 음</u>을 기준으로 서술할 것.

③
_____

문항 완성도 높이기

① 바른마침의 이해를 높이기 위해 완전 바른마침과 불완전 바른마침을 악보로 제 시한다.

② (가), (나)의 차이점을 비교 서술하되, 조건에 끝나는 음을 기준으로 서술하게 하면 답안의 범위를 한정시킬 수 있다.

③ 차이점에 대해 서술하라고 할 때 학생들은 많이 쓸수록 높은 점수를 받을 수 있다는 기대를 하게 된다. 이 때 답안에 줄을 넣어주면 학생들은 그 줄을 넘지 않으려는 심리가 있기 때문에 자연스럽게 글 쓰는 분량을 제한할 수 있다.

학생 반응사례 및 채점기준

⊌ 반응유형 사례

- 완전바른마침은 소프라노가 '시'에서 '도'로 끝나지만 불완전 바른마침은 소프라노가 '도' 이외에 '미'나 '솔'로 끝난다.
- 소프라노가 '시'에서 '도'로 끝난다.
- 소프라노가 으뜸음으로 끝난다.
- 맨 위 음이 '시'에서 '도'로 끝난다.
- 완전은 기본 위치로 끝나지만 불완전은 바꿈으로 끝난다.
- 소프라노가 2도 올라가지만 불완전은 4도 올라간다.
- I로 끝나고 V도로 끝난다.
- '도미솔'로 끝나고 '미솔도'로 끝난다.
- 소프라노가 솔에서 '도'로 끝나고, 불완전은 '시'에서 '도'로 끝난다.

⊌ 채점기준

답안인정	• 소프라노의 끝나는 음을 기준으로 서술한 경우 - 완전바른마침은 소프라노가 '시'에서 '도'로 끝나지만 불완전 바른마침은 소프라노가 '도' 이외에 '미'나 '솔'로 끝난다. - 소프라노가 '시'에서 '도'로 끝난다. - 소프라노가 으뜸음으로 끝난다. - 맨 위 음이 '시'에서 '도'로 끝난다. - 완전은 기본 위치로 끝나지만 불완전은 바꿈으로 끝난다. - 소프라노가 2도 올라가지만 불완전은 4도 올라간다.
답안 불인정	• 다른 성부의 음이나 화음을 예로 든 경우 - I로 끝나고 V도로 끝난다.

- '도미솔'로 끝나고 '미솔도'로 끝난다.
- 소프라노가 '솔'에서 '도'로 끝나고, 불완전은 '시'에서 '도'로 끝난다.

문항		채점내용	소요시간
11	기본답안	• 완전바른마침은 소프라노가 '시'에서 '도'로 끝나지만 불완전 바른마침은 소프라노가 '도' 이외에 '미'나 '솔'로 끝난다.	2분
	인정답안	• 소프라노(혹은 맨 윗음)가 '시'에서 '도'로 끝난다.	

창의력학습 FOCUS

◆ 종지법에 따른 느낌 표현하기

종지법은 음악 전체의 흐름에 매우 중요한 요소이다. 따라서 학생들이 종지법에 대해 깊은 이해와 활용으로 다양한 음악활동을 할 수 있도록 지도해야 한다. 가령 예를 들어 정격종지와 변격종지를 모둠으로 합창하도록 하고 느낌의 차이를 설명하게 하면 종지법에 따라 음악이 변화되는 느낌을 실제로 체감할 수 있다.

◆ 창의력을 키우는 습관

음악의 천재 모차르트는 35년간 짧은 생애 속에서도 수많은 교향곡과 오페라, 협주곡 등을 작곡했다. 많은 음악가들도 작곡과 연주를 병행하면서 바쁜 일상 속에서도 자신의 머리 속에 떠오르는 악상들을 음악으로 만들어 냈다. 바쁜 세상을 살아가는 요즘 학생들도 학업에 떠밀려 하루하루를 보내기 보다는 새로운 생각을 구체적으로 적용하는 습관을 키우는 것이 창의력을 신장시키는 방법이 될 것이다. 음악 시간에 떠오르는 가락이나 악기 편성, 연주 방법 등을 학생들이 적고 발표할 수 있게 하면 보다 높은 창의성을 갖게 될 것이다.

12 [중3] 조성(라장조)

평가요소

☺ '조성의 의미를 이해하고 설명할 수 있다.'의 필수학습요소 중 라장조 조성의 이해와 낮은음자리표 표기법을 평가요소로 선정한다.

예시문항

12. 다음은 김동진 곡 '동무생각'의 일부분이다.

위 악보의 <u>①조표와 으뜸음</u>을 조건에 맞게 낮은음자리표 악보에 그리시오.[5점]

<조 건>

• <u>③으뜸음은 온음표로 작성할 것</u>

　　　　문항 완성도 높이기

① 높은음자리표의 조표와 으뜸음을 낮은음자리표로 적용해야 하므로 난이도가 높은 문항이다. 따라서 배점과 소요시간을 정확하게 고려해야 한다.

② 답지에 낮은음자리표를 그려주면 학생들이 보다 답안을 분명하게 작성할 수 있으며, 음자리표 변환에 관한 서술형 평가는 위와 같이 악보에 그리는 방법으로 시행

할 수 있다. 또한 학생 수준에 따라 낮은음자리표 없이 오선지만 주어도 좋다.
③ 답안 작성 방법에 대한 조건을 명확하게 제시해 주는 것이 명확한 정답을 추출하
는 방법이다.

학생 반응사례 및 채점기준

❧ 반응유형 사례

❧ 채점기준

답안인정   • 으뜸음이 맞게 표시된 경우

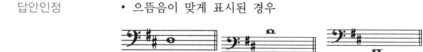

답안 불인정   • 높은음자리표나 으뜸음이 틀린 경우

문항		채점내용	소요시간
12	기본답안		2분
	인정답안	• 없음	

❊ 악보에 나타내기

　조성을 파악하는 문항에 있어서는 단순히 '조성이 무엇이냐'고 묻는 것보다는 '조성을 악보에 나타내시
오'라고 발문하면 학생들에게 악보에 나타내는 능력을 키워줌으로써 독보능력을 향상시킬 수 있다.
또한 음자리표를 달리하면 여러 음자리표(높은/낮은/가온)를 이용한 다양한 기보방법을 익히는 효과가
있다.

❊ 음악 언어 익히기

　학생들에게 음악을 악보로 표현하거나 악기로 연주하는 방법을 지도하기란 여간 어려운 일이 아니다.
따라서 어렸을 때 한글이나 알파벳을 배우듯 음악의 언어를 차근차근 익히는 것이 무엇보다 중요하다.
한글의 자음과 모음을 배우고 단어를 익히면 문장도 쉽게 써나갈 수 있듯이 음악 언어를 익혀 하나씩
표현하기를 반복한다면 어느새 악보로 표현하거나 악기로 연주하는 능력이 생길 것이 분명하다.

평가요소

- ❂ '주제와 변주를 통한 변주곡 형식을 이해하고 새로운 변주된 가락을 만들 수 있다.'는 필수평가요소 중 변주곡 형식을 평가요소로 선정한다.

예시문항

13. 악보는 ①<u>주제(Theme)</u>를 변주한 기악곡의 일부를 나타낸 것이다. 물음에 답하시오.

(1) 위와 같은 기악곡의 개념을 변주요소 3개를 포함하여 설명하시오. [3점]

(2) ②<u>변주1은 주제의 조성을 어떻게 변주시켰는지 조성 중심으로 서술하시오.</u> [3점]

      문항 완성도 높이기

① 문항을 구성하는 단어는 신중하게 사용되어야 하며, 위 곡은 변주곡의 일부이기 때문에 '주제(Theme)를 변주한 기악곡의 일부'라는 단어를 사용한 후, 변주곡에 대한 이해도를 높이기 위해 주제와 변주 악보를 명확하게 제시하였다.

② 조건을 부여해 답안 범위를 한정시키고 명확한 답안을 추출하도록 한다. 특히 조건 2의 제시는 변주 요소가 자칫 개방적이 될 수 있기에 '조성'을 조건으로 제시했다.

학생 반응사례 및 채점기준

☻ 반응유형 사례

(1) 변주곡의 개념
• 하나의 주제를 기초로 하여 가락, 리듬, 조성 등을 변화시켜 만든 곡
• 변주요소 : 박자, 화성, 빠르기 등
(2) 변주내용
• 바장조에서 사장조로 변주했다.
• 바장조에서 사장조로 바꿈.
• 장2도(한음) 높은 사장조로 변주했다.
• 장2도(한음) 높였다.
• ♭ 대신 # 을 붙였다.

☻ 채점기준

답안 인정	• 개념 중 순서와 상관없이 3개가 들어간 답안
	(1) 변주곡의 개념
	  – 하나의 주제를 기초로 하여 가락, 리듬, 조성 등을 변화시켜 만든 곡
	  – 변주요소 : 박자, 화성, 빠르기 등
	(2) 변주내용
	  – 바장조에서 사장조로 변주했다.
	  – 바장조에서 사장조로 바꿈.
	  – 장2도(한음) 높은 사장조로 변주했다.
	  – 장2도(한음) 높였다.

답안 불인정	• 조성을 표현하지 않은 답안 – ♭ 대신 # 을 붙였다.

문항		채점내용	소요시간
13-(1)	기본답안	• 하나의 주제를 기초로 하여 가락, 리듬, 조성 등을 변화시켜 만든 곡	2분
	인정답안	• 박자, 화성, 빠르기 등	
13-(2)	기본답안	• 바장조에서 사장조로 변주했다. • 바장조에서 사장조로 변화시켰다.	2분
	인정답안	• 바장조에서 사장조로 바꿈. • 장2도(한음) 높은 사장조로 변주했다.	

※ 아름다운 선율을 만드는 것은 음악에서 매우 중요하지만 항상 새로운 것을 창조하는 것은 여간 어려운 일이 아니다. 따라서 변주곡 형식을 다루면서 하나의 주제를 여러 각도로 변화시키며 그 느낌을 파악하는 학습은 음악 감상과 해석 능력을 신장시키는 데 아주 효과적이며, 실제 학생들에게 음악 요소를 제시한 후 기본 멜로디를 변주하도록 지도하고 연습한다면 학생들은 곧 그 멜로디를 능숙하게 변화시킬 것이다.

안녕, 난 쇼팽입니다. 변주곡 형식은 학생들이 이해하기 어려운 기악곡 형식 중 하나입니다. 따라서 변주곡 형식을 쉽게 이해하기 위해서는 각각의 변주된 요소를 파악해 학생 스스로가 해석하고 설명하는 연습이 꾸준히 이루어져야 합니다

주제를 익힌후 간단한 변화만으로 색다른 느낌을 줄 수 있는 변주곡 형식을 이해하는 것이 음악을 더욱 즐거워지는 계기가 될 거에요. 학생여러분! 음악과 친해지세요~~

14   [고1 음악] 음악사

평가요소

- ❥ '악곡의 내용과 구조, 그리고 사회·문화적 맥락을 파악하여 악파(시대)를 구분할 수 있다.'는 필수학습요소 중 국민악파 음악을 평가요소로 선정한다.

예시문항

14. 다음 ^①악곡을 듣고 물음에 답하시오.

스메타나 교향시 '나의 조국' 중 제2곡 '몰다우' (16마디 감상)

드보르작 '신세계교향곡' (8마디 감상)

이 곡들이 작곡된 시대의 ^②음악적 특징을 서술하되, ^③음악사적 시대 구분 용어를 포함하시오. [3점]

　　　　　　　　문항 완성도 높이기

① 주제 악보를 제시하는 것으로 끝나지 않고 악곡을 감상할 수 있는 기회를 줌으로써 악곡에 대한 이해를 높일 수 있다.

② 음악적 특징으로 한정하면 국민악파 음악의 여러 특징 중에서 음악에 관련된 것으로 답안 범위를 줄일 수 있다.

③ 음악사적 시대(악파)를 적는 문항은 단답형에 가깝다. 하지만 시대를 구분하고 그 시대의 음악적 특징을 서술하는 것은 종합적인 사고의 과정을 묻는 것이기 때문에 서술형 평가에서는 답안 이외에도 '사고의 과정'을 볼 수 있는 발문이 중요하다.

학생 반응사례 및 채점기준

❧ 반응유형 사례

- 국민악파이며, 자국의 선율을 이용해 음악을 만들었다.
- 국민악파이며, 국민적, 민족적 색채를 지녔다.
- 19세기중엽부터 20세기까지 전성기이다.
- 북유럽의 러시아, 보헤미아, 노르웨이, 핀란드 등지에서 발전했다.
- 낭만파 이후 시대이며 근/현대 이전 음악이다.
- 고전파이며, 형식이 완성된 시대이다.
- 낭만파이며, 인간의 사상과 개성이 강조된 시대이다.

❧ 채점기준

| 답안 인정 | • 국민악파라는 용어가 반드시 들어가며 음악적 특징이 언급된 경우 |

- 국민악파이며, 자국의 선율을 이용해 음악을 만들었다.
- 국민악파이며, 국민적, 민족적 색채를 지녔다.

답안 불인정
- 음악적 특징이 언급되지 않은 경우
  - 19세기중엽부터 20세기까지 전성기이다.
  - 북유럽의 러시아, 보헤미아, 노르웨이, 핀란드 등지에서 발전했다.
  - 낭만파 이후 시대이며 근/현대 이전 음악이다.
  - 고전파이며, 형식이 완성된 시대이다.
  - 낭만파이며, 인간의 사상과 개성이 강조된 시대이다.

문항		채점내용	소요시간
14	기본답안	• 국민악파이며, 자국의 선율을 이용해 음악을 만들었다.	2분
	인정답안	• 국민악파이며, 국민적, 민족적 색채를 지녔다.	

※ 차이코프스키 발레 음악의 독창성

차이코프스키는 발레음악을 작곡하면서 같은 음악도 첫째 내용에 맞는 음악을 작곡했고, 둘째, 파격적인 악기사용으로 독창성을 높였으며, 셋째, 여러 가락을 만들어 그 중에서 제일 잘 어울리는 음악을 택했다. 이는 학생들에게도 내용을 제시한 후 내용에 맞게 화성이나 악기 선택, 가락을 만드는 과제를 통해 음악을 익혀나가게 하는 것이 바람직하다.

차이코프스키 발레 음악의 독창성

평가요소

❧ '여러 지역의 음악을 비교하며 감상할 수 있다.'는 필수학습요소 중 민요의
특징을 평가요소로 선정한다.

예시문항

15. 악곡을 보고 ①토속(土俗)민요와 통속(通俗)민요에 대해 〈조건〉을 ②모두 고려
하여 비교하시오. [4점]

┌─── 〈조 건〉 ───┐
• ③전파 범위, 전창자의 신분

문항 완성도 높이기

① 토속민요와 통속민요의 악보를 제시해 학생들에게 시각적으로 두 민요의 차이를 느낄 수 있게 해야 한다.
② 조건에 '전파 범위, 전창자의 신분'이란 요소를 제시해 답안범위를 한정시켰다.
③ '모두'라는 단어를 넣어줌으로써 두 가지 조건을 모두 충족한 답안을 추출할 수 있으며, 한 가지만 넣은 답안은 정답에서 제외할 수 있다.

학생 반응사례 및 채점기준

반응유형 사례

- 토속민요는 특정 지역, 비전문가가 부르며, 통속민요는 전국적으로 전문가가 부른다.
- 토속민요는 지방에서 누구나 부르며, 통속민요는 도시에서 전문가가 부른다.
- 토속민요는 향토적이며 전문가가 부른다. 통속민요는 전국적이며 비전문가가 부른다.
- 토속민요는 세련되지 않고 누구나 부르며, 통속민요는 세련되고 전문가가 부른다.

채점기준

답안 인정	• 전파 범위와 전창자의 신분을 정확히 맞춘 경우
	- 토속민요는 특정 지역, 비전문가가 부르며, 통속민요는 전국적으로 전문가가 부른다.
	- 토속민요는 한 지역에서 누구나 부르며, 통속민요는 여러 지역에서 전문가가 부른다.
답안 불인정	• 토속민요는 향토적이며 전문가가 부른다. 통속민요는 전국적이며 비전문가가 부른다.
	• 토속민요는 세련되지 않고 누구나 부르며, 통속민요는 세련되고 전문가가 부른다.

문항		채점내용	소요시간
15	기본답안	• 토속민요는 특정 지역, 비전문가가 부르며, • 통속민요는 전국적으로 전문가가 부른다.	3분
	인정답안	• 토속민요는 한 지역에서 누구나 부르며, • 통속민요는 여러 지역에서 전문가가 부른다.	

❊ 토속민요 찾아내기

각 지방에는 노동과 관련된 토속민요가 많이 있다. 학생들에게 '지방별 토속민요 알아보기' 과제를 부여해 토속민요가 불리게 된 까닭과 민요를 녹음해서 발표시켜 보자. 그리고 학생들 사이에 불리는 노래를 녹음해서 일부 학생들에게만 전해지는 노래를 공개하는 시간도 가져 본다면 토속민요에 대한 이해가 훨씬 쉬워질 것이다.

통속민요는 누구나 알고 있는 민요로써 각 지방별 대표 민요를 2~3개씩 정리해 오도록 하는 수행평가를 통해 통속민요에 대한 이해를 높이고, 토속민요 중에 작품성이 높은 것을 택해 통속민요로 만드는 방법에 대해 토의해 봄으로써 토속민요와 통속민요의 관계를 파악할 수 있다.

평가요소

- '혼성 4부 합창의 가창형태를 이해하고 설명할 수 있다.'는 필수학습요소 중 혼성 4부 합창 성부를 평가요소로 선정한다.

예시문항

16. 다음 악곡은 ①헨델의 '할렐루야' 혼성4부 합창곡의 일부이다. ②알토 성부를 ③오선지에 그리시오. [4점]

 문항 완성도 높이기

① 혼성 4부 합창곡을 제시하여 전체적인 악보의 흐름을 이해할 수 있도록 하는 것이 바람직하다.

② 알토 성부를 기보하게 하여 각 성부의 구분과 기보능력을 측정할 수 있게 하였으며, 가창 수업에서 악보를 잘 읽는지 확인할 수 있는 방법이다.

③ 오선지에는 학생들이 답안을 작성하기 쉽도록 음자리표와 조표 등을 기입해 주는 것도 좋은 방법이며, 서술형 평가는 반드시 글로 써야 하는 것은 아니며 학생의 사고과정을 악보, 표, 그래프 등 다양한 표현방식으로 나타낼 수 있어야 하겠다.

학생 반응사례 및 채점기준

☻ 반응유형 사례

- 소프라노, 알토, 테너, 베이스

☻ 채점기준

답안인정   • 알토성부를 표기한 경우

답안 불인정   • 기타 성부를 표기한 경우
                  • 음자리표를 그리지 않은 경우

문항	채점내용		소요시간
16	기본답안		3분
	인정답안	• 없음	

❖ 불굴의 음악가 베토벤 따라잡기

귀가 안 들려 음악가의 생명이 끝났다고 세상으로부터 평가받았던 베토벤은 그럼에도 불구하고 작곡을 포기하지 않았다. 그 결과 합창교향곡이라는 대곡을 작곡하였다. 그는 합창교향곡에서 이전의 교향곡과는 달리 교향곡에 합창을 삽입하는 창의력을 발휘하였다.

많은 세상의 비난을 이겨내고 탄생한 합창교향곡이야 말로 창의력의 산물이었다고 할 수 있다. 고난과 온갖 역경을 이겨내는 방법은 역시 창의력에서 온다고 할 수 있다. 만일 자신이 현실이 힘들고 죽을 만큼 어려움을 겪고 있다고 생각이 들면 바로 그 때가 기회인 것을 생각해 창의력을 발휘하자. 그리고 힘들 때 베토벤 음악을 듣는다면 베토벤의 정신이 우리를 이끌어 갈 것이다.

루드비히 반 베토벤
독일 출신의 위대한 작
곡가 1770년 본에서 태
어나 1827년 사망하기
까지 영웅·월광 등등의
수많은 명작을 남겼다

위기가 기회이고 난세에
영웅이 태어난다고 합니다!!!

다. 미술 Road View 예시

01 [중] 미술 작품

평가요소 선정

> - 필수학습요소 중 특정요소(평가요소)를 선정한다.
> - 평가요소는 문항의 내적 타당도와 직결된다는 점을 인식한다.

> - (예시) '미술작품의 시대별, 지역별, 양식별 특징을 이해하기'의 학습요소 중 조선시대 전·후기 산수화의 차이를 비교할 수 있는 능력을 평가요소로 선정한다.

문항초안 작성

> - 문제장면, 답안조건, 평가요소 설정
>   문항제작의 가장 중요한 요소이다. 문제장면이 명확하지 않으면 학문적 오류가 발생하고, 답안조건이 한정되지 않으면 학생답안의 자유도를 증가시켜 채점이 어렵고, 평가요소가 불분명하면 다양한 인정답안이 발생할 수 있다.
> - 기본답안 작성, 소요시간, 배(채)점 방법, 인정답안 범위 설정(반응사례) 등을 작성·예측한다.

☻ 문항초안 (예시)

1. (가), (나)는 산수화이다. 두 작품을 〈조건〉에 맞추어 비교하여 서술하시오.

문제장면   평가요노
                                          [5점]
                                      배점

　　　　(가) 안견「몽유도원도」　　　　(나) 정선「금강전도」

```
────────────< 조 건 >────────────
각 작품의 구체적인 제작시기를 밝히고, 작품의 소재를 기준으로 비교할 것
          조건(1)                      조건(2)
```

☻ 기본답안, 인정답안 범위 및 소요시간

	채점내용	소요시간
기본답안	• (가)는 조선전기의 작품으로 꿈속에서 본 경치를 소재로 그렸으며, (나)는 조선후기의 작품으로 금강산의 실제 모습을 소재로 그렸다.	3분
인정답안	• (가) 조선전기 또는 초기 • (나) 조선후기 • (가) 가상(상상, 꿈속) 경치 의미 • (나) 실제(진짜) 경치 의미	

문항검토 컨설팅

- 문항검토 컨설팅 과정은 제작과정에서 가장 중요한 과정이다. 동료교사가 많이 참가할수록, 여러 차례 할수록 효과적이다.
- 설정된 조건, 평가요소 정밀검토
  컨설팅 과정을 거쳐 설정된 조건이 명확하면 이의제기가 줄고, 답안조건을 제한하면 학생답안의 자유도를 최소화 할 수 있으며, 평가요소가 정확하면 인정답안을 최소화 할 수 있다. 이 때 동료교사의 의견은 출제자의 문항을 정교하게 하는 역할을 하므로 컨설팅에 긍정적인 태도로 임한다.
- 인정답안 범위, 배(채)점의 타당성, 문제해결 소요시간의 적절성 등도 컨설팅 한다.

☻ 문제 장면, 조건, 평가요소 컨설팅 (예시)

1. <u>(가), (나)는 산수화이다.</u> 두 작품을 <조건>에 맞게 <u>비교하여 서술하시오.</u> <u>[5점]</u>
   문제장면   평가요소   배점

> ─────< 조 건 >──────
> 각 작품의 <u>구체적인 제작시기를 밝히고,</u> <u>작품의 소재를 기준으로 비교할 것</u>
>   조건(1)   조건(2)

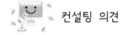

컨설팅 의견

의견1. 문제장면에서 작품의 제작시기를 조선시대를 전·후기로 구분하여 제시하여주면 조건을 보다 쉽게 이해할 수 있을 것이다.

의견2. 두 가지의 조건이 길게 한 문장으로 되어있어 학생들이 이해하는데 곤란을 겪을 수 있다. 간단한 두 문장으로 구분하여 제시하는 것이 좋겠다.

의견3. 조건(2)에서 작품의 소재를 기준으로 하는 것은 모호한 측면이 있어 학생들의 반응사례가 많을 것 같다. 좀 더 구체적인 평가요소를 축출할 필요가 있다.

 컨설팅 결과반영

　　의견1을 반영하여 문제장면을 조선시대 전기, 후기의 범위로 축소시켜주면 학생들의 반응폭을 줄인다.

　　의견2를 반영하여 조건을 두 문장으로 분리해서 간단명료하게 정리하기로 한다.

　　의견3은 학생들이 출제의도를 분명히 알 수 있도록 하고, 채점의 정확도를 높이기 위해 필요한 내용이다. 따라서 소재의 비교를 미술사적 의의와 관련지어 설명하도록 하여 출제의도대로 답을 이끌어낸다.

⊕ 기본답안, 인정답안 범위, 소요시간 컨설팅 (예시)

문항		채점내용	소요시간
1	기본답안	• (가)는 조선전기의 작품으로 꿈에서 본 경치를 소재로 그렸으며, (나)는 조선후기의 작품으로 금강산의 실제 모습을 소재로 그렸다.	3분
	인정답안	• (가) 조선전기 또는 초기 • (나) 조선후기 • (가) 가상(상상, 꿈속) 경치 의미 • (나) 실제(진짜) 경치 의미	

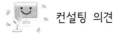 컨설팅 의견

의견1. 부분점수의 인정 기준을 자세하게 명시할 필요가 있다.

의견2. (가) '꿈에서 본 경치'를 '가상, 상상의 경치'의 의미로 확대하여 명기하는 것이 좋을 것 같다.

 컨설팅 결과반영

　　의견1에 따라 부분점수의 인정기준을 평가요소별 1점씩 부여하는 것으로 명기한다.

　　의견2를 반영하여 작품의 소재를 가상, 상상의 경치라는 의미로 확대하여 명기한다.

최종문항 완성

1. (가), (나)는 조선시대 전기, 후기의 대표적인 산수화이다. 두 작품을 〈조건〉에 맞추어 비교하시오. [5점]

(가) 안견「몽유도원도」   (나) 정선「금강전도」

──────〈 조 건 〉──────
- 그림 (가), (나)를 조선시대 전·후기 작품으로 구분할 것
- 미술사적 의의를 비교 서술하되 소재를 참고 할 것

서술형 문항 채점기준표

문항		채점내용	소요시간
1	기본답안	• (가)는 조선전기 관념산수화의 대표작품으로 꿈속에서 본 경치를 소재로 그렸으며, (나)는 조선후기 실경산수화의 대표작품으로 금강산의 실제 모습을 소재로 그렸다.	3분
	인정답안	• (가) - 조선전기 또는 초기 • (나) - 조선후기 • (가) 가상(상상, 꿈속) 경치의 의미를 포함한 경우 • (나) 실제(진짜) 경치 의미를 포함한 경우	

✿ 핵심Point : 조선전기의 관념산수화, 조선후기의 진경산수화

* 미술양식의 시대적 흐름을 이해하고 종합적으로 비교·분석하는 능력을 **창의력평가 FOCUS**
신장시킬 수 있는 평가 방법은 먼저 각 시대와 양식을 대표하는 작품을 선정하고 수업시간에 제시하여
학생 스스로 작품의 특징과 차이를 발견하도록 하는 서술형 형성평가가 효과적이다.

학생 반응사례 및 인정범위 설정

● 반응유형 사례 검토 협의
  - 기본답안 및 인정답안 범위를 추가로 확정
● 채점방법 협의
  - 공동채점과 개별채점
  - 전체채점과 분할채점

● 반응유형 사례
  • (가)는 조선전기에 그려진 것으로 꿈에서 본 경치를 그렸다.(나)는 조선후기
    에 그려진 것으로 금강산의 모습을 보고 그렸다.
  • (가)는 조선전기의 작품으로 수묵담채로 채색하였다. (나)는 조선후기의 작품
    으로 수묵으로만 그렸다.
  • (가)는 조선전기의 작품으로 기암괴석을 그렸다. (나)는 조선후기의 작품으로
    산을 뾰족하게 그렸다.
  • (가)는 조선전기에 그린 것으로 정면에서 보고 그렸으며, (나)는 조선후기에
    그린 것으로 위에서 내려다보며 그렸다.
  • (가)는 조선후기의 작품으로 중국의 경치를 그렸다. (나)는 조선전기의 작품
    으로 우리나라의 모습을 그렸다.
  • (가)는 조선전기의 그린 것으로 관념산수화이다. (나)는 조선후기의 진경산수
    화이다.
  • (가)는 조선후기의 작품으로 글씨를 쓰지 않았다. (나)는 조선전기 작품으로
    그림에 어울리는 글씨도 썼다.

● 채점기준

답안 인정	• (가)는 조선전기의 산수화로 상상의 경치를 그렸다는 의미를 포함하여 쓰고, (나)는 조선후기의 산수화로 실제 경치를 그렸다는 의미를 포함한 경우
답안 불인정	• 작품의 제작시기가 잘못된 경우 • 관념 산수나 실경 산수의 의미, 즉 상상속의 경치를 그렸는가, 실제 경치를 그렸는가의 내용을 포함하지 않았거나 두 내용을 바꾸어 쓴 경우

채점 후 협의

- 특이답안 유형 및 처리를 목표이원분류표와 채점기준표에 반영한다.
  - 목표이원분류표와 채점기준표 수정은 학업성적관리규정에 의거 수행한다.
- 채점결과에 대해 재검과정을 수행한다.

최종 채점기준표

문항		채점내용	배점	소요시간
1	기본답안	• (가)는 조선전기 관념산수화의 대표작품으로 꿈 속에서 본 경치를 소재로 그렸으며, (나)는 조선후기 실경산수화의 대표작품으로 금강산의 실제 모습을 소재로 그렸다.	4.0	3분
	인정답안	• (가) 조선전기 또는 초기	1.0	
		• (가) 가상의 경치를 그렸다는 의미를 포함한 경우	1.0	
		• (나) 조선후기	1.0	
		• (나) 실제 경치를 그렸다는 의미를 포함한 경우	1.0	

◈ 조선시대 산수화의 흐름을 알아보자

조선시대의 회화는 크게 4기로 나뉘는데, 제1,2기는 중국의 영향으로 절파화풍의 산수화가 유행하였다. 제3기는 조선의 독자적인 화풍이 정착하게 되며, 우리나라의 실경을 소재로 한 실경산수화가 유행하게 된다. 제4기는 문인화를 추종하여 남종화풍의 산수화가 주류를 이룬다.

◈ 산수화에 담긴 사상을 찾아보자

관념산수화(觀念山水畵)는 노장(老莊)의 자연주의 사상에 영향을 받아 신비주의적인 색채를 띤다. 산수화에는 자연의 품에 안긴 채 세속을 떠나 유유자적하며 은일(隱逸)하는 현자(賢者)들이 등장하는데, 이는 전쟁으로 점철된 춘추전국시대의 어지러운 세상을 기피하고 이상세계에 대한 동경을 반영하고 있는 것이다.

심사정 「선유도」

진경산수화(眞景山水畵)는 실학사상과 밀접한 관련이 있다. 사회적인 실학 운동의 새로운 기풍에 부응하여 화가들이 조국산하의 아름다움을 그림으로 표현하는 작업을 하였던 것이다.

정선 「인왕제색도」

◈ 실기 수업과 관련해서...

초등학교 미술시간에는 꿈, 상상을 주제로 표현하는 시간을 자주 갖지만 중·고등학교에서는 관찰 표현에만 집중하는 경우가 많다. 인지능력과 상상력을 조화롭게 신장시키기 위해서 관찰 표현과 구상(構想) 표현을 적절히 배분·편성하는 것이 바람직하다.

02 　 [고] 매체의 확장

평가요소

- 필수학습요소 중 특정요소(평가요소)를 선정한다.
- 평가요소는 문항의 내적 타당도와 직결된다는 점을 인식하고 평가 요소를 추출한다.

- (예시) "전통 미술과 현대 미술의 재료와 기법을 이해하고 발전시켜 표현하기"의 필수학습요소 중 차용기법을 이해하고 설명할 수 있는 능력을 평가요소로 선정한다.

문항초안 작성

- 문제장면, 답안조건, 평가요소 설정
  문항제작의 가장 중요한 요소이다. 문제장면이 명확하지 않으면 학문적 오류가 발생하고, 답안조건이 한정되지 않으면 학생반응의 자유도를 증가시켜 채점이 어렵고, 평가요소가 불분명하면 다양한 인정답안이 발생할 수 있다.
- 기본답안 작성, 소요시간, 배(채)점 방법, 인정답안 범위 설정(반응사례) 등을 작성·예측한다.

☺ 문항초안 (예시)

2. (나), (다)는 (가)를 차용하여 그린 그림이다. 다음 작품을 보고 물음에 답하시오.

문제장면

(가)   (나)   (다)

(1) 차용의 정의를 쓰시오. [2점]

평가요소(1)   배점

(2) (다) 작품의 인물은 매우 뚱뚱한 모습을 하고 있다.

작가가 이렇게 표현한 이유에 대해 자신의 생각을 쓰시오. [4점]

답안조건   평가요소(2)   배점

☺ 기본답안, 인정답안 범위 및 소요시간

문항		채점내용	소요시간
2-(1)	기본답안	• 차용은 다른 그림에서 형식과 소재를 빌려와 새로운 작품으로 만들어내는 기법을 의미한다.	2분
	인정답안	• '다른 그림에서 빌려 온다'는 의미가 들어가면 정답으로 인정	
2-(2)	기본답안	• 그림(다)의 작가는 여성의 모습을 뚱뚱하게 표현했는데, 이것은 요즘 사람들이 추구하는 미와는 달리 풍만한 여성도 아름다울 수 있다는 것을 보여주기 위해서 이렇게 그린 것 같다.	3분
	인정답안	• (다)를 뚱뚱하게 그린 이유를 나름대로 추론하여 타당하게 썼으면 정답으로 인정	

문항검토 컨설팅

- 문항검토 컨설팅 과정은 제작과정에서 가장 중요한 과정이다. 동료교사가 많이 참가할수록, 여러 차례 할수록 효과적이다.
- 설정된 조건, 평가요소 정밀검토
  컨설팅 과정을 거쳐 설정된 조건이 명확하면 이의제기가 줄고, 답안조건을 제한하면 학생답안의 자유도를 최소화 할 수 있으며, 평가요소가 정확하면 인정답안을 최소화 할 수 있다. 이 때 동료교사의 의견은 출제자의 문항을 정교하게 하는 역할을 하므로 컨설팅에 긍정적인 태도로 임한다.
- 인정답안 범위, 배(채)점의 타당성, 문제해결 소요시간의 적절성 등도 컨설팅 한다.

⊙ 문제장면 컨설팅 (예시)

2. (나), (다)는 (가)를 차용하여 그린 그림이다. 다음 작품을 보고 물음에 답하시오.

문제장면

(가)　　　　　　　(나)　　　　　　　(다)

컨설팅 의견

의견1. 문제장면은 있는 사실을 학생들에게 제시해주는 역할을 하는데, 대체로 잘 쓰인 것 같다.

의견2. 문제장면에서 (나)그림은 교과서에 차용의 경우로 등장하는 경우가 많이 있지만 (다)그림은 교과서에 등장하는 경우가 별로 없는 것 같다. (나)그림만 제사하면 좋을 것 같다.

의견3. 문제장면에서 (가)그림에 대한 설명이 조금 더 추가되면 문제장면이 풍성해질 것 같다. 예를 들면, '(가)는 레오나르도 다빈치의 「모나리자」이다.' 혹은 '원작(가)를'이라는 문구를 넣어주면 학생들의 이해를 도울 수 있을 것 같다.

컨설팅 결과반영

의견2는 (다)그림이 교과서의 도판으로 많이 등장하지 않지만, 문제의 핵심요소인 차용을 (나)와 다른 방향에서 잘 나타내주고 있어서 꼭 필요하기 때문에 삭제시키지 않고 그대로 사용하기로 한다.

의견3은 추가 설명된 문구가 들어가지 않아도 대다수의 사람들이 (가)그림에 대해 이미 알고 있으므로 새로운 문구는 추가하지 않고 (가)그림이 원작임을 추가한다.

🔥 평가요소 컨설팅 (예시)

(1) <u>차용의 정의를 쓰시오.</u> <u>[2점]</u>
　　 평가요소(1)　　　　　배점

(2) (다) 작품의 인물은 매우 뚱뚱한 모습을 하고 있다.

<u>작가가 이렇게 표현한 이유에 대해</u> <u>자신의 생각을 쓰시오.</u> <u>[4점]</u>
　　　 답안조건　　　　　　　平가요소(2)　　　　배점

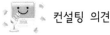

컨설팅 의견

의견1. 평가요소(1)에서 '차용'이라는 용어는 '빌려 온다'는 뜻이지만 다양하게 쓰일 수 있다. 우리가 흔히 알고 있듯 돈을 빌려 줄 때도 차용이라는 단어를 쓰는 만큼 "여기서 쓰인" 이나 "미술에서 쓰인" 혹은 "~측면에서" 등의 명시가 되어 정의의 폭을 한계 짓거나 흔히 쓰이는 '패러디'라고 쓰는 것이 더 나을 것 같다.

의견2. 평가요소(2)는 너무 개방적인 질문으로 학생들의 반응사례가 많을 것 같고, 자칫 서술형이 아니라 논술형 문항이 될 것 같다. 그래서 정답조건을 제시해서 자신의 생각을 객관적인 사실을 참고하여 추리해서 쓸 수 있도록 제한점을 주는 것이 더 좋을 것 같다.

의견3. 정답조건을 주어 (다)작품 속 여인의 모습과 현대인의 삶의 부정적 측면의 모습과 비교하는 형식으로 제한하면 더 구체적인 답안을 요구할 수 있을 것이다.

의견4. 정답조건을 주더라도 여전히 객관적인 사실이 아니고 학생들의 의견을 쓰는 것과 같기 때문에 이 문항은 수정 보완하는 것이 더 좋을 것 같다.

의견5. 이런 문항을 출제하는 것은 시기상조인 것 같다. 수행평가에서라면 가능하지만 서술형 평가에는 맞지 않는 문항이다.

 컨설팅 결과반영

의견1은 '차용'보다 '패러디'가 더 보편적으로 알려져 있으므로 두 가지 용어 모두 인정한다. 의견4, 5는 개방적 답안으로 인해서 채점의 어려움이 있으므로 '차용(패러디)'의 정의에 대한 평가문항으로 대체할 필요가 있다.

● 기본답안, 인정답안 범위, 소요시간 컨설팅 (예시)

문항		채점내용	소요시간
2-(1)	기본답안	• 차용은 다른 그림에서 형식과 소재를 빌려와 새로운 작품으로 만들어내는 기법을 의미한다.	2분
	인정답안	• '다른 그림에서 빌려 온다'는 의미가 들어가면 정답으로 인정	
2-(2)	기본답안	• 그림(다)의 작가는 여성의 모습을 뚱뚱하게 표현했는데, 이것은 요즘 사람들이 추구하는 미와는 달리 풍만한 여성도 아름다울 수 있다는 것을 보여주기 위해서 이렇게 그린 것 같다.	3분
	인정답안	• (다)를 뚱뚱하게 그린 이유를 나름대로 추론하여 타당하게 썼으면 정답으로 인정	

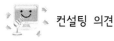 컨설팅 의견

의견1. (1)의 인정답안에서 '다른 그림에서 빌려 온다'고만 하면, 그림에서 무엇을 빌려와서 어떻게 한다는 것인지 분명하지 않다. 이 두 부분이 모두 제시가 되어야 한다.

의견2. (2)문항을 유지한다면, (2)의 답안에서 나름대로 타당한 이유를 쓰도록 하는 것이 아니라 그 이유를 현대사회의 부정적 모습과 비교하도록 하거나 (다)그림의 외양을 관찰하도록 하여 이를 평가하도록 해야 할 것이다.

의견3. (2)의 답안 길이가 길다. 학생들은 3분 안에 답을 생각하여 적어야 하는데, 이렇게 길이가 길면 시간 안에 답안을 쓸 수 없다. 또, 두 문항의 시간을 합하면 총 5분이 되므로 4분 안에 학생들이 답안을 작성할 수 있도록 좀 더 간결하게 줄이면서도 핵심이 잘 들어갈 수 있게 내용을 줄이는 것이 좋을 것 같다.

컨설팅 결과반영

의견1은 적극 반영하여 (1)의 인정답안을 보강하도록 한다. 의견3에서 학생들이 문항을 3분 안에 써야 한다는 것을 간과했던 것 같다. 이 문항을 그대로 유지한다면, 답안조건을 간결하게 하여, 학생들이 3분 안에 답안을 쓸 수 있도록 답안의 내용을 줄이는 것이 타당하다고 본다.

최종문항 완성

2. (나), (다)작품은 원작인 (가)작품을 이용해 풍자와 해학적으로 표현했다. 현대미술에서 이러한 미술기법의 명칭과 그 정의를 서술하시오. [5점]

(가)　　　　　　(나)　　　　　　(다)

명칭 : ＿＿＿＿＿＿＿＿＿＿＿＿＿＿＿＿＿

정의 : ＿＿＿＿＿＿＿＿＿＿＿＿＿＿＿＿＿＿＿＿＿＿＿＿＿＿＿＿＿

서술형 문항 채점기준표

문항		채점내용	소요시간
2	기본답안	• 패러디(차용) • 패러디는 '빌려 온다'는 의미로 작품에 등장한 형상이나 내용을 새롭게 변형시켜 또 다른 의미를 지닌 작품으로 재창조하는 제작 방법이다.	3분
	인정답안	• '패러디(차용)'와 '다른 그림에서 형식이나 형상을 빌려 와서 새로운 작품을 만든다'는 의미가 들어가면 정답으로 인정	

◈ 핵심Point : 패러디(차용)의 정의

⟡ 차용(借用)은 패러디(parody)와 같은 말이다.

창의력평가 FOCUS

패러디는 풍자나 희화화(戲畵化)를 위해 작가 또는 작품의 특징적인 스타일을 모방하는 문학 혹은 예술 활동을 말하지만 패러디한 작품은 단순한 모방에서 그치는 것이 아니고 전혀 새로운 의미의 작품으로 탄생한다. 최근에는 문학, 미술, 영화, 광고 등 다양한 패러디가 유행하고 있으며 창작유형의 하나로 자리매김하고 있다.

차용은 미술작품에서 다양하게 사용되고 있는데, 감상시간과 표현시간을 적절히 활용하여 실제 작품을 감상하고 또 제작해 보면 그 의미를 학생들이 더욱 잘 이해할 수 있을 것이다.

교과서에 많이 등장하고 있는 차용기법은 미술사에서 과거 명화를 인용하여 패러디하는 기법을 많이 사용했으나 최근 차용의 원리와 요소 자체가 작품의 본질을 이루는 경우가 많아지고 있다. 감상 시간을 이용해서 학생들에게 다양한 패러디 작품의 감상기회를 갖도록 하고, 표현시간을 이용해서 명화를 자신의 느낌과 생각으로 패러디 하도록 하면, 현대미술에 대한 학생들의 이해를 높일 수 있다. 또한 서술형 평가에서 차용된 작품에 대해 묻거나 새롭게 차용된 작품의 의미를 묻는 문항을 제작해 보면, 학생들의 현대작품에 대한 감상능력과 이해도를 평가해 볼 수 있을 것이다.

학생 반응사례 및 인정범위 설정

- 🔴 반응유형 사례 검토 협의
  - 기본답안 및 인정답안 범위를 추가로 확정
- 🔴 채점방법 협의
  - 공동채점과 개별채점
  - 전체채점과 분할채점

🔴 **반응유형 사례**
- 패러디는 '빌려 온다'는 의미로 미술작품에 이미 등장한 형상을 재창조하는 제작 방법을 가리킨다.
- 패러디 기법은 기존에 있었던 다른 그림의 일부 형상을 빌려서 사용하여 새로운 작품을 만드는 제작방법이다.
- 패러디는 (가)의 모나리자와 같은 명화를 (나), (다)처럼 그 모양을 일부 따라한 후 작가가 새롭게 자기 생각을 넣어 작품을 만드는 것을 말한다.
- 이 기법은 패러디인데, 패러디란 현대 미술에서 과거 유명작품의 인물이나 모습을 비슷하게 따라하는 것이다.
- 패러디 기법은 다른데서 표현된 것을 그대로 따라하지만 작가의 생각도 넣어서 새롭게 창조하는 것이다.
- 패러디는 이미 있는 그림의 어떤 부분을 모방하여 재창조하는 것이다.
- 패러디는 다른 그림에서 빌려 온다는 뜻
- 패러디이고 따라하는 것이다.

🔴 **채점기준**

답안 인정	• '패러디(차용)'와 '다른 그림에서 형상이나 내용을 빌려 와서 새로운 작품을 만든다'는 의미가 들어가면 정답으로 인정
답안 불인정	• '모방', '똑같이 그리는 것'이라고 정의한 경우 • 명칭과 정의 중 한 가지만 맞은 경우

채점 후 협의

> ☙ 특이답안 유형 및 처리를 목표이원분류표와 채점기준표에 반영한다.
>   – 목표이원분류표와 채점기준표 수정은 학업성적관리규정에 의거 수행한다.
> ☙ 채점결과에 대해 재검과정을 수행한다.

☙ 최종 채점기준표

문항		채점내용	배점	소요시간
2	기본답안	• 패러디(차용) • 패러디는 '빌려 온다'는 의미로 작품에 등장한 형상이나 내용을 새롭게 변형시켜 또 다른 의미를 지닌 작품으로 재창조하는 제작 방법이다.	5.0	3분
	인정답안	• '패러디(차용)'와 '다른 그림에서 형상이나 내용을 빌려 와서 새로운 작품을 만든다'는 의미가 들어가면 정답으로 인정 – 패러디는 다른 그림에서 형상이나 내용을 빌려온다는 뜻이다. – 차용은 자기가 따라하고 싶은 그림을 일부 빌려와서 따라하는 것이다. – 패러디는 이미 있는 그림의 어떤 부분을 모방하여 재창조하는 것이다. – 패러디는 기존에 있었던 유명한 그림의 일부를 고쳐서 새로 그리는 것이다.		

◈ 참고도판 이해하기

마르셀 뒤샹(Marcel Duchamp, 1887~1968)의 「L. H. O. O. Q」

1919년 뒤샹은 파리의 길거리에서 〈모나리자〉가 인쇄된 싸구려 엽서를 구입했다. 그리고 거기에 검은 펜으로 수염을 그려 넣었고 아래에는 알파벳 대문자로 'L. H. O. O. Q'라고 적었다. 그 뜻은 정확히 알 수 없지만 프랑스어로 발음하면 'elle a chaud au cul (she has a hot ass)'가 되어 '그 여자의 엉덩이는 뜨겁다'는 말이 된다. 콧수염을 그려 넣은 것도 모자라 외설적인 농담까지 적어놓은 뒤샹의 의도는 무엇일까? 한낱 장난으로 치부할 수도 있는 이 사소한 행위가 현대 미술에 끼친 파급력은 결코 무시할 수 없다.

— 월간미술에서 참조

페르난도 보테로는 르네상스 거장들의 회화 작품들을 차용하여 자신만의 언어로 재해석해서 작품을 그리는 것으로 유명하다. 새롭게 재해석된 작품들에서 보이는 사람들의 모습은 하나같이 풍선처럼 오동통하고 뒤뚱거리는 귀여운 느낌을 주고 있으며, 모두 무표정과 부동자세 또는 정면을 향한 시선을 하고 있다. 이렇게 풍만하게 과장된 신체와 똑같은 표정을 가진 사람들을 통해서 독특한 조형 감각과 함께 현대 사회에 대한 풍자와 비판을 보여주려고 한 것이다. 그러나 그에게 "왜 뚱뚱한 사람을 그리느냐?"고 물어보면, 자신은 절대 뚱뚱한 사람을 그리는 것이 아니고 13세기 이탈리아 미술에서 강조한 볼륨과 형태의 중요성에 영감을 받아서 '인체의 볼륨'을 표현하려고 했던 것뿐이라고 대답했다고 한다.

◈ 나도 패러디 작가!

'패러디', '차용'은 오늘날 미술에서 가장 많이 쓰이는 제작방법 중 하나이다. 다양한 명화를 가지고 재미있게 변형시킨 후 느낌을 이야기해보고, 미술관에 가서 패러디 된 작품들을 찾아 감상해 보면 현대미술의 기법을 더욱 다양하게 이해할 수 있을 것이다.

얀 반 에이크
(Jan van Eyck 1395~1441)
「아르놀피니 부부의 결혼식」

페르난도 보테로
(Fernando Botero, 2006)
「반 아이크의 아르놀피니를 따라서」

미국 모 광고에서 패러디한
작품을 참조

평가요소

☻ '목적에 적합한 조형 요소와 원리를 탐색하여 나타내기'의 학습요소 중 디자인의 조건에 대해 설명할 수 있는 능력을 평가요소로 선정한다

예시문항

3. 그림은 의자 디자인의 흐름을 나타낸 것이다. 의자 디자인의 변화 추이를 ①<u>디자인의 조건 중 합목적성과 관련지어 설명하시오.</u> [5점]

(나무, 1882년)

(강철, 가죽, 1927년)

(바젤, 유광 고강도 발포, 1959~1960년)

② _____

_____

문항 완성도 높이기

① 디자인의 조건 4가지 중 합목적성과 관련지어 설명하도록 한정함으로써 학생들의 반응폭을 줄인다.

② 차이점에 대해 서술하라고 할 때 학생들은 많이 쓸수록 높은 점수를 받을 수 있다는 기대를 하게 된다. 이 때 답안에 줄을 넣어 주면 학생들은 그 줄을 넘지 않으려는 심리가 있기 때문에 자연스럽게 글 쓰는 분량을 제한할 수 있다.

학생 반응사례 및 채점기준

🔅 반응유형 사례

- 시대가 흐름에 따라 단순하게 디자인 되었다.
- 세월이 흐름에 따라 새로운 재료를 사용하였다.
- 재료가 발달함에 따라 기능적으로 디자인 되었다.
- 점차 깔끔하고 예뻐졌다.
- 인체에 맞게 디자인 되어 편하게 앉을 수 있다.
- 점점 세련되어졌다.
- 점점 장식이 줄어들었다.
- 점점 값싼 재료로 만들었다.
- 점점 가벼워졌다.
- 곡선이 느껴지도록 부드럽게 디자인하였다.
- 모서리를 둥글게 하여 다치지 않도록 하였다.
- 점차 만든 사람의 개성이 나타나도록 특이하게 만들었다.

🔅 채점기준

답안 인정
- 실용적으로 변화하였다.
- 점차 기능적으로 디자인 하였다.
- 좀 더 편하게 앉을 수 있도록 발전하였다.

답안 불인정
- 합목적성의 의미를 포함하지 않은 경우

문항		채점내용	소요시간
3	기본답안	• 실용적으로 사용할 수 있는 형태와 구조로 발전하였다.	3분
	인정답안	• 편리하게 사용할 수 있도록 기능적으로 변화되었다는 의미를 포함한 경우 • 인체 구조에 맞게 기능성이 강화되었다는 의미를 포함한 경우	

※ 디자인의 변화 요인을 알아보자.

1) 생산 방식의 변화 : 소량 생산에서 대량 생산으로

2) 기술의 발전 : 제품 구현 및 생산 기술, 제품 성능 향상 기술

3) 다양한 소재의 개발 : 알루미늄, 티타늄, 합성수지 등 신소재의 발명

4) 소비자의 미의식 : 유행에 따라 변하는 미의 기준

❖ 산업디자인의 개념을 마인드맵으로 그려보자.

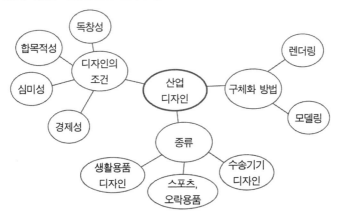

※ 실기 수업과 관련해서...
아직까지 학교 미술에서의 디자인은 아름다움, 즉 보편적으로 인정받는 심미성이 강조되고 있다. 하지만 다른 제품과 차별화되는 독창성과 사용하기에 편리함을 주는 합목적성도 중요한 디자인의 조건임을 알고 이를 제품디자인에 구현해보자.

평가요소

✥ '전통 미술의 현대적 의미를 찾아보기'의 학습요소 중 미술공예운동의 미술사
 적 의의에 대한 설명 능력을 평가요소로 선정한다.

예시문항

4. 다음 디자인 운동(movement)이 ①<u>미술사에 끼친 영향</u>을 서술하시오.
 ②<u>(단, 이 디자인 운동의 명칭을 반드시 넣어서 서술할 것)</u> [5점]

> • 19세기 후반 영국에서 시작되었다.
> • 산업혁명의 결과로 상품의 질과 디자인이 퇴보했다는 비판에서 시작
> 되었다.
> • 기계로 생산된 제품보다 수공예품이 우월하고, 좋은 디자인은 삶을
> 개선시킨다고 믿었다.

_____

_____

 문항 완성도 높이기

① 미술공예운동의 미술사적 의의를 막연하게 질문하는 것 보다 그 이후 영향으
 로 한정하여 답하도록 함으로써 평가요소를 구체화한다.
② 답안에 운동의 명칭을 포함하도록 조건을 제시함으로써 채점기준을 보다 명확
 하게 한다.

학생 반응사례 및 채점기준

☻ 반응유형 사례

- 이 운동은 미술공예운동으로 장식 미술을 발전시키는데 공헌하였다.
- 미술공예운동은 독일의 바우하우스 탄생에 밑거름이 되었다.
- 미술공예운동으로 미술이 더욱 발전하였다.
- 미술공예운동은 아르누보의 탄생에 기여하였다.
- 미술공예운동은 공예품의 품질을 향상시켰다.
- 미술공예운동으로 장인들의 신분이 향상되었다.
- 미술공예운동으로 공예작품들이 보다 아름다워졌다.
- 미술공예운동으로 수공예 산업이 발전하였다.
- 미술공예운동으로 디자인 산업이 발전하였다.
- 미술공예운동으로 공예품들이 보다 편리하게 사용할 수 있도록 제작되었다.

☻ 채점기준

| 답안 인정 | • 미술공예운동'이 문장에 반드시 포함되어 있고 이후 영향으로 장식 미술 또는 수공예의 부흥에 기여하였다는 의미를 설명하였을 경우 |
| 답안 불인정 | • 미술공예운동' 명칭을 쓰지 않고, 미술공예운동의 영향으로 볼 수 없는 내용을 쓴 경우 |

문항		채점내용	소요시간
4	기본답안	• 미술공예운동은 장식미술의 발전을 이루어 아르누보의 기틀을 마련하였고 독일 공작 연맹이나 바우하우스의 설립에 큰 영향을 끼쳤다.	4분
	인정답안	• 미술공예운동의 명칭을 쓰고, 이 영향으로 볼 수 있는 내용 중 1가지 이상을 썼을 경우 - 장식미술(수공예)의 발전을 가져왔다. - 아르누보의 탄생에 기여했다. - 바우하우스의 설립에 영향을 주었다.	

※ 새롭게 떠오르는 디자인 운동에 대해 알아보자.

- 굿 디자인(Good Design)
  굿 디자인은 제품의 질을 정의할 때 쓰는 말로서, 작동이 간편하고 모양도 아름다운 제품을 가리킨다. 특정한 디자인 상황을 이루는 아름다움과 시대적 요구, 기능과 같은 여러 요소라든지 더 나아가 오늘날의 기술적 지식을 조화시켜 기능이 원활한 제품으로 만드는 것까지를 말한다.

- 그린 디자인(Green Design)
  그린 디자인이란 지구환경을 보존하고 합리적인 소비 생활을 하기 위한 친환경 디자인이다.
  그린 디자인은 쓰레기 배출을 줄이고 재활용을 늘리는 아이디어에서부터 출발한다. 재료의 절감, 오염물 최소화, 제품의 재사용 및 재활용, 재충전 등의 원칙에 입각하여 제품의 설계, 생산, 포장, 운송, 폐기에 이르기까지 모든 과정이 환경에 미치는 영향을 고려한 디자인이다.

〈그린 디자인의 분류〉

1) 분해를 위한 디자인

2) 재활용을 위한 디자인

3) 재사용을 위한 디자인

4) 생산성 중심의 디자인

5) 제품 수명 연장을 위한 디자인

6) 소재의 순수성을 높이는 디자인

7) 다품종 소량 주문 생산에 의한 디자인

05 　 [중] 미술 작품

평가요소

☺ '미술작품의 시대별, 지역별, 양식별 특징을 이해하기'의 학습요소 중 뜨거운 추상과 차가운 추상의 비교 능력을 평가요소로 선정한다.

예시문항

5. 그림은 현대추상화의 두 가지 경향이 잘 나타난 작품이다.

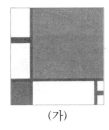 

(가)　　　　　　　　(나)

①(가)에 대비했을 때, (나)작품의 기법상 특징을 ②<조건>에 맞추어 서술하시오. [5점]

――――――――――< 조 건 >――――――――――

- 작품의 표현의도와 제작기법을 관련지어 서술할 것
- ③추상표현주의의 기법에 한정하여 서술할 것

문항 완성도 높이기

① 두 작품을 비교하여 서로 다른 점을 발견하고, 이를 바탕으로 (나) 작품의 특징을 설명하도록 하였다. 여기에 뜨거운 추상과 차가운 추상의 특징적 차이를 이해하고 있는지를 평가하려는 출제의도가 담겨있다.

② 두 가지 이상의 조건을 제시할 경우, 조건 틀을 사용하여 명료하게 제시한다.
③ 추상표현주의의 기법으로 한정하여 학생들의 반응폭을 줄인다.

학생 반응사례 및 채점기준

☺ 반응유형 사례

- (가)는 차분하게 그린 반면, (나)는 무의식적으로 물감을 마구 뿌리며 그렸다.
- (나)는 자유로운 감정에 따라 즉흥적으로 물감을 흘리면서 표현했다.
- (가)는 꼼꼼하게 색칠했으나, (나)는 흥분해서 물감을 뿌렸다.
- (가)는 직선을 사용해서 그렸으나, (나)는 곡선으로 부드럽게 그렸다.
- (가)는 정성을 들여서 그렸으나, (나)는 성의 없이 그렸다.
- (가)는 사각형의 기하학적인 형태로 그렸으나, (나)는 형태를 알아 볼 수 없게 그렸다.
- (나)는 마구 휘두르는 붓놀림으로 유연하게 그렸다.
- (가)는 파랑, 빨강으로 그렸으나, (나)는 흰색, 검정색으로 뿌리며 그렸다.

☺ 채점기준

| 답안 인정 | • (나) 작품의 표현의도에 대해 무의식 세계 또는 자유로운 감정을 표현하려 했다는 의미를 포함하여 쓰고, 제작기법에 대해 캔버스에 직접 물감을 뿌리거나 쏟아 붓는 등의 기법을 사용했다는 의미를 포함하여 쓴 경우 |
| 답안 불인정 | • 답안에 작가의 표현의도와 구체적인 표현방법이 나타나지 않은 경우
예) 그냥(마구) 그렸다 등 |

문항		채점내용	소요시간
5	기본답안	• (나)작품은 작가의 무의식의 세계를 표현하기위해 물감을 뿌리거나 흘리면서 자유로운 형태로 표현하였다.	3분
	인정답안	• (나)는 자유로운 감정을 표현하기 위해 붓을 마구 휘두르며 표현하였다는 추상표현주의 기법이 포함되었을 경우	

☀ 추상화의 개념을 이해하기 위해 반대개념인 구상화(具象畵)에 대해
살펴보면 구상화는 영어로 '형태'라는 뜻의 'figure'의 형용사형을 써서 'figurative' 라고 하거나, '표현하
다'는 뜻의 동사인 'represent'의 형용사형을 써서 'representative' 라고 쓴다. 즉, 구체적인 형태를 알
아볼 수 있도록 표현하는 것이다. 추상화는 이와 반대로 생각하면 간단하다. 어떤 구체적 형태(형상)를
재현하고 있지 않은 것이 추상화이다.

☀ 추상화를 어떻게 봐야 할까?
칸딘스키가 석양에 비친 자신의 뒤집어진 초상화를 보고 형태가 없어도 색과 선만으로 충분히 감동을
줄 수 있다는 것을 알아차린 것처럼 추상화를 감상할 때에는 어떤 형태에 얽매이지 말고 물감의 두께,
색채의 배열, 조화, 균형 등 형식적이고 물질적인 측면에 관심을 갖는 것이 바람직하다.

☀ 생활용품에 추상화가 사용된 예를 찾아보자.

리트벌트(Rietveld, Gerrit Thomas) 「의자」

생 로랑(Saint-Laurent,Yves) 「몬드리안 룩」

평가요소

💧 '미술 작품의 시대별, 지역별, 양식별 특징을 이해하기'의 학습요소 중 한글 판본체와 궁체를 비교·분석하는 능력을 평가요소로 선정한다.

예시문항

6. (가), (나)는 우리나라의 대표적 한글 서체이다.

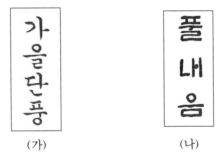

(가)   (나)

①(가)와 비교했을 때, (나) 서체의 형태상 특징을 〈조건〉에 맞추어 서술하시오.
[5점]

─────〈조 건〉─────
• (나) 서체의 명칭을 반드시 넣어서 서술할 것
• ②글자 자형의 특징을 중심으로 서술할 것

문항 완성도 높이기

① 두 서체를 비교하여 (나) 서체의 특징을 설명하도록 하였다. 이는 판본체와 궁체의 특징적 차이를 이해하고 있는지를 평가하고자 함이다.

② 단순히 형태상의 특징을 서술하라고 한다면 너무나 다양한 반응으로 인해 채점에 곤란을 겪을 수 있다. 따라서 글자 자형의 특징을 중심으로 답하도록 하여 반응폭을 줄인다.

학생 반응사례 및 채점기준

◉ 반응유형 사례

- (가) 궁체에 비해 (나) 판본체는 네모난 모양이다.
- (가) 궁체는 자형이 다양하지만 (나) 판본체의 자형은 대개 네모난 판 모양으로 나타난다.
- (가) 궁체는 세모꼴이지만, (나) 판본체는 네모꼴이다.
- (가) 궁체는 세모, 마름모 등 다양한 자형이 나타나지만, (나) 판본체는 사각형의 자형만 나타난다.
- (나) 판본체의 자형은 사각형이다.
- (나) 판본체는 글씨의 모양이 네모이다.
- (나) 궁체는 고딕체와 비슷하다.
- (나) 판본체는 글씨의 굵기가 일정하다.
- (나) 판본체는 글자의 중심이 중앙에 있다.
- (나) 판본체는 딱딱한 느낌을 준다.
- (나) 판본체는 최초의 한글서체로 예서와 모양이 비슷하다.
- (나)는 궁체로 궁녀들이 예쁘게 쓴 글씨이다.
- (나)는 궁체로 납작한 형태의 글씨이다.

◉ 채점기준

답안 인정	• (나)에 대해서 판본체의 명칭을 쓰고, 자형이 사각형(네모)라는 내용이 포함되었을 경우
답안 불인정	• (나)의 서체명이 틀렸을 경우 • 글자 모양의 특징이 아닌 서체의 역사적 특징 등을 서술한 경우

문항	채점내용		소요시간
6	기본답안	• (나) 판본체의 자형은 사각형의 판 모양이다.	3분
	인정답안	• (나) 판본체의 자형은 네모의 형으로 나타난다.	

❋ 판본체와 궁체 특징을 알고 써보기

풀 내 음

〈판본체〉

1) 획의 굵기를 일정하게 쓴다.
2) 글자의 자형을 사각형이 되도록 한다.
3) 가로획이 수평을 유지하도록 한다.
4) 세로획이 수직을 유지하도록 한다.
5) 글자의 중심을 가운데에 두어 좌우의 균형을 맞춘다.

가 을 단 풍

〈궁체〉

1) 모음에 따라 변하는 자음의 모양을 고려해서 쓴다.
2) 점과 획의 비례와 균형을 생각한다.
3) 획 사이의 간격을 맞추어 쓴다.
4) 글자의 중심을 오른쪽 내려 긋는 획에 둔다.

❋ 현대감각에 맞게 변신하는 한글서체

• 한글서체는 다양하게 변하고 있다.
  미술수업시간에는 대개 판본체와 궁체만을 지도하고 있지만 현재 새롭게 개발된 다양한 한글서체를 감상하도록 하고, 붓 이외에 다양한 도구를 사용하여 한글을 써보는 것도 필요하다.

• 캘리그라피(Calligraphy)
  캘리그라피란 기계적인 표현이 아닌 손으로 쓴 아름답고 개성 있는 글자체로서 영화포스터, 제품 타이포 등 다양한 곳에서 사용되고 있다.

평가요소

☙ '목적에 적합한 조형 요소와 원리를 탐색하여 나타내기'의 학습요소 중 색입체를 이해하고 대비현상의 예를 찾을 수 있는 능력을 평가요소로 선정한다.

예시문항

7. 그림은 색입체의 수직 단면도를 나타낸 것이다.

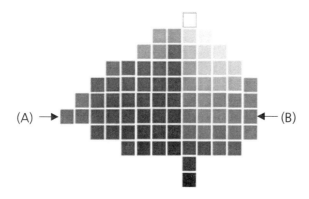

^①두 색상 (A), (B)의 대비현상이 적용된 사례를 ^②생활 주변에서 찾아 한 가지 만 쓰시오. ^③(단, 대비현상의 명칭을 넣어서 쓸 것) [5점]

문항 완성도 높이기

① (A), (B) 색의 명칭을 알려주지 않음으로써 색입체에 대한 이해능력을 묻는 평가 문항으로 구성한다.

② 일상생활에서 보색대비현상을 적용한 구체적 사례를 찾아보도록 함으로써 실제적인 미술지식을 평가하는 문항으로 구성한다.
③ 답안에 대비현상의 명칭을 포함하도록 조건을 제시함으로써 채점기준을 보다 명확하게 한다.

학생 반응사례 및 채점기준

☺ 반응유형 사례

- 보색대비 현상으로 청록색 잎 사이로 장미가 유난히 선명하게 보이는 경우
- 보색대비 현상으로 열대어의 노란색과 남색 줄무늬가 화려하게 보인다.
- 보색대비 현상으로 단청이 화려하게 보인다.
- 보색대비 현상으로 위험 표지판에서 주로 쓴다.
- 보색대비 현상으로 경고를 의미할 때 주로 사용한다.
- 명도대비 현상으로 자동차 번호판을 제작할 때 활용한다.
- 명도대비 현상으로 흑인의 이가 유난히 희게 보인다.
- 명도대비 현상으로 교통 표지판의 배색으로 쓴다.
- 색상대비 현상으로 위험 표지판의 배색으로 쓴다.
- 색상대비 현상으로 노랑이 주황처럼 보인다.
- 색상대비 현상으로 빨강이 눈에 잘 띈다.
- 채도대비 현상으로 색이 탁하거나 선명하게 보인다.
- 채도대비 현상으로 교통 표지판의 배색으로 쓴다.

☺ 채점기준

| 답안 인정 | • 보색대비의 명칭을 쓰고, 보색의 대비로 인해 색채가 더욱 강렬해 보이는 예를 서술한 경우 |
| 답안 불인정 | • 보색대비 명칭을 쓰지 않았거나, 보색대비 외, 다른 대비현상(명도대비, 색상대비, 채도대비)의 예를 서술한 경우 |

문항		채점내용	소요시간
7	기본답안	• 보색대비 현상으로 청록색 잎들 사이로 빨간 장미가 돋보이는 경우	3분
	인정답안	• 보색대비 현상을 명기하고 두 가지 반대색으로 인해 색채가 뚜렷해지거나 화려해 보이는 예를 썼을 경우	

❖ 색입체의 수직 단면도를 분석해보자.

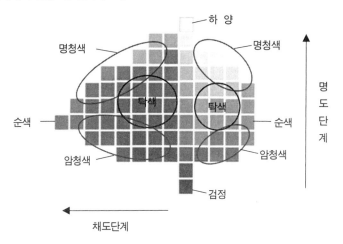

❖ 새롭게 바뀐 20색상환을 확인하자.

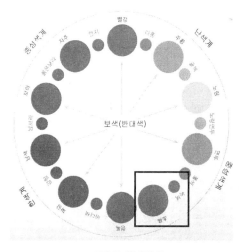

▲ 교육용 20색상환

기존 색상환에서는 녹색이 순색이었으나, 새로 발표된 색상환에서는 초록이 순색이다.

평가요소

❤ '목적에 적합한 조형 요소와 원리를 탐색하여 나타내기'의 학습요소 중 원근법의 원리를 이해하고 작품에서 사용된 원근법을 찾아낼 수 있는 능력을 평가요소로 선정한다.

예시문항

8. 작품은 소재의 변화된 표현으로 원근감이 잘 나타난 풍경화이다.

카유보트 「파리, 비오는 날」

작품에 나타난 원근법에 대해 다음과 같이 표로 정리하여 분석하려고 할 때, (가)에 들어갈 알맞은 내용을 쓰시오. ①(단, 작품에서 원근법이 적용된 소재를 예로 들어 설명할 것) [5점]

원근법의 명칭	원근감 표현 방법
색채원근법	②가까운 곳의 인물은 진하게 채색하고 먼 곳의 인물은 연하게 채색하여 원근감을 표현하였다.
선(투시)원근법	(가) _____ _____ _____

문항 완성도 높이기

① 그려진 소재들에 대한 분석을 통해 원근법의 이해 여부를 평가한다.

② 색채원근법에 대하여 적용된 소재를 예로 들어 설명한 글이다. 이 글을 참고하여
  답안을 작성하게 함으로서 학생들의 답안 서술이 일정한 형식을 갖추게 된다.

학생 반응사례 및 채점기준

⚅ 반응유형 사례

* 건물의 가까운 곳은 크게 그리고 먼 곳은 작게 그려 원근감을 표현하였다.
* 가까운 곳의 건물을 크게 그리고 먼 곳의 건물은 작게 그려서 원근감을 표현하였다.
* 멀어질수록 건물을 작게 그려서 원근감을 표현하였다.
* 먼 곳의 사람을 작게, 가까운 곳의 사람을 크게 그려서 원근감을 표현하였다.
* 가까운 곳의 우산은 크게 그리고 먼 곳의 우산은 작게 그렸다.
* 가까운 곳의 사람은 크게 그리고 먼 곳의 사람은 작게 그렸다.
* 멀어질수록 인물을 작게 그려서 원근감을 표현하였다.
* 멀어질수록 건물을 희미하게 그려서 원근감을 표현하였다.
* 가까운 곳은 크게, 먼 곳은 작게 그려서 소실점이 나타난다.
* 가까운 곳은 크게, 먼 곳은 작게 그렸다.

⚅ 채점기준

| 답안 인정 | • 건물, 인물, 우산 등의 소재를 선택하여 가까울수록 크게 그리고, 멀어질수록 작게 그린다는 의미를 쓴 경우 |
| 답안 불인정 | • 가까운 곳은 크게, 먼 곳은 작게 그린다는 의미가 포함되지 않은 경우 |

문항		채점내용		소요시간
8	기본답안	• 건물이 소실점을 향하여 점점 작아지거나 좁아지도록 표현하였다.	5점	3분
	인정답안	• 가까운 곳의 인물(우산)은 크게 그리고, 먼 곳의 인물(우산)은 작게 그렸다.		
	부분점수인정	• 가까울수록 크게 그리고, 멀어질수록 작게 그린다는 의미는 썼으나 소재를 예로 들어 설명하지 않은 경우	3점	

* 원근법의 기원을 알아보자.

과학적인 원근법을 처음 발명한 사람은 초기 이탈리아 르네상스의 건축가이자 조각가였던 브루넬레스키이고, 그 후 원근법을 미술에서의 기본 훈련으로 일반화한 사람은 알베르티다.

원근법은 미술과 수학의 결합으로 볼 수 있다. 원근법의 발명 이후 미술가들은 자연을 관찰하고 지적인 공부를 해야 한다는 인식을 하게 된다. 1430년대부터는 미술가들은 앞을 다투어 자신의 작품에 원근법을 적용하기 시작했다.

* 선(투시)원근법과 소실점

1) 작품에서 소실점의 위치를 찾아 점을 찍어보자.

2) 작품의 눈높이와 지평선의 위치를 비교하여 보자.

* 그림과 같이 원근감을 이용하여 재미있는 사진을 찍을 수 있다.

평가요소

- '표현 과정에서 문제를 해결하는 방법을 찾아보기'의 학습요소 중 도자기 제작과정의 과정별 필요성에 대해 설명하는 능력을 평가요소로 선정한다.

예시문항

9. ①<u>도자기를 만들기 위한 작품제작 계획서의 일부이다.</u>

작품 제작 계획서

3학년 ○반 ○ ○ ○

단원명	도자공예
작품 주제	화병 만들기
준비물	점토, 유약
제 작 과 정	– 빚어서 형태 만들기 – (가) 그늘에서 말리기 – 초벌구이 – 그림 그리기 – (나) 유약 바르기 – 재벌구이

(1) (가)와 같이 그늘에서 서서히 말려야 하는 이유를 쓰시오. [2점]

_____

(2) (나)의 과정을 거침으로서 ②<u>작품에 나타나는 직접적인 효과를 한 가지만 쓰시오.</u>
[2점]

_____

문항 완성도 높이기

① 단순히 문장으로만 질문을 하기보다 작품제작계획서의 그림 일부를 넣음으로써
   시각적인 흥미를 느끼도록 구성한다.
② 작품에 나타나는 직접적인 효과로 한정함으로써 학생 답안의 반응폭을 줄인다.

학생 반응사례 및 채점기준

● 반응유형 사례

(1) • 흙으로 만든 원형의 파손을 막기 위해서
    • 갈라지지 않게 하기 위해서
    • 수분의 갑작스런 증발을 막기 위해서
    • 깨지지 않게 하기 위해서
    • 햇빛에 말리면 깨지니까
    • 햇빛에 말리면 갈라지니까
(2) • 표면이 매끄러워진다.
    • 윤이 난다.
    • 반짝반짝 빛나게 된다.
    • 예뻐진다.
    • 값이 비싸진다.
    • 오래 사용할 수 있게 된다.
    • 오랫동안 도자기의 색이 변하지 않는다.

● 채점기준

답안 인정
(1) • 파손 또는 훼손 예방의 의미를 쓴 경우
(2) • 미적 효과의 의미를 쓴 경우
    • 견고해진다는 의미를 쓴 경우
    • 흡수 방지(방수)의 의미를 쓴 경우

답안 불인정
(2) 유약을 바르는 직접적인 이유나 효과로 보기 어려운 경우
(예) 비싸게 팔기 위해서 등

문항		채점내용	소요시간
9-(1)	기본답안	• 원형이 훼손되지 않도록 하기 위해서	4분
	인정답안	• 갈라지지 않게 하려고	
9-(2)	기본답안	• 색을 입혀 표현하기 위해서	
	인정답안	• 물의 흡수를 막기 위하여	

❖ 도자기와 유약

도자기는 흙으로 그릇모양을 만들고 그 위에 유약을 입혀서 높은 온도에서 구운 것이다. 도자기에서 유약은 흙과 불 만큼 중요하다.

유약의 성분은 주로 광물질, 즉 돌가루로서 도자기 원형에 칠하면 높은 온도에서 녹아 유리질이 된다.

❖ 토기, 도기, 자기를 구분하자.

• 토기(土器)는 원시 시대부터 만들었던 그릇이다. 700~900℃의 비교적 낮은 온도에서 한번만 구워낸 그릇을 말한다. 진흙으로 형을 만들어 유약을 바르지 않고 굽는다. 토기에 나타난 모양, 무늬로 민족 과 시대의 특색을 찾아낼 수 있다.

• 도기(陶器. pottery)는 소성온도를 1200도 전·후반으로 하여 구운 그릇으로 강도가 자기보다 약하고 투명도가 없으며 대부분은 유약이 시유된 것을 말한다.

• 자기(瓷器. porcelain)는 고급 점토를 기본으로 배합한 재료로 원형을 만든 다음 1,300~1,500℃의 높은 온도로 구워내 만든 그릇이다. 유약은 건조된 그릇에 입혀서 한번만 구워내기도 하고 낮은 온도에서 초벌구이 한 다음 유약을 입혀 다시 구워내기도 한다. 경도가 높으며 흡수율이 거의 없고 두드렸을 때 맑은 소리가 나며 투광성이 있다.

평가요소

> ☺ "생활을 디자인하고 개선하는 미술의 기능 이해하기"의 필수학습요소 중 포
> 장디자인의 개선방안을 생각해낼 수 있는 능력을 평가요소로 선정한다.

예시문항

10. 다음 토론에서 갑, 을이 지적한 문제점을 해결할 수 있는 방안을 각각 제시하
시오. (단, [1]포장디자인을 통해 해결할 수 있는 방안을 제시할 것) [4점]

문항 완성도 높이기

① 해결방법을 제시할 때, '포장을 없애버리자', '소비자가 단체행동을 하자', '규제를 엄격히 하자'는 등의 극단적인 해결방법을 피하고 '포장디자인을 통해서' 문제를 해결하는 답안을 제시하도록 평가요소를 분명히 해야 한다.

학생 반응사례 및 채점기준

☻ 반응유형 사례

* 더욱 세련된 디자인으로 구매력을 높여야 한다.
* 재사용 용기와 용지를 사용하여 디자인한다.
* 제품의 용량에 비해 과대 포장되지 않도록 한다.
* 이미 사용 된 포장지는 재활용할 수 있어야 하고 아름다운 것도 중요하지만 과대 포장을 없애야 할 것이다.
* 과대포장을 줄이고 더욱 아름답게 디자인해야 한다.
* 정부 규제를 통해 점차 과대포장을 줄여나가야 한다.
* 최소한의 포장으로 꼭 필요한 포장지만 사용하고, 과대포장 된 제품은 구매하지 않아야 한다.
* 포장을 없애버리자.
* 소비자가 과대 포장하는 업체를 보면 신고해서 악덕 기업주에게 벌금을 내도록 해야 한다.
* 과대포장을 없애자.

☻ 채점기준

답안 인정	• 재사용(재활용)할 수 있는 포장 재료를 사용하고 과대포장을 줄여야 한다는 의미가 모두 제시되어 있으면 정답으로 인정
답안 불인정	• '아름답게 디자인되어야한다', '자연을 사랑해야한다'는 식으로 뭉뚱그려 답을 한 경우 • '소비자들이 깨어 있어야한다', '정부규제가 있어야한다' 등의 소비자측면에서 해결방안을 제시한 경우 • 환경, 재활용, 재사용 등의 용어가 들어가지 않은 경우

문항		채점내용	소요시간
10	기본답안	• 갑 : 환경을 고려하여 재활용이 가능한 포장 재료를 사용해야 한다. • 을 : 쓸데없는 과대포장을 줄여야 한다.	3분
	인정답안	• 재활용(재사용)을 고려한 포장재료 사용과 과대포장 줄이기의 의미를 포함한 경우 인정	
	부분답안	• 기본 답안 중 한 가지만 적은 경우 2점 부분점수 인정	

※ 포장디자인에 대해 알아보자

1) 포장디자인의 유의점

• 내용물의 크기, 모양, 무게 등을 고려하여야 한다.

• 사용할 때의 편리성에 유의하여 디자인 한다.

• 진열해 두었을 때의 효과를 생각하여 디자인 한다.

• 사용 후 재활용을 생각하여 실용적으로 제작한다.

2) 포장의 기능(조건)

• 보호와 보존성

• 편리성(제품의 운반, 보관, 배달 작업이 용이)

• 전달성(광고 매체 역할)

• 일치성(내부 포장 형태, 기능 통일)

• 구매 동기 유발

• 재사용

3) 포장재 사용에 따른 환경 문제 해결과제(3R)
최근의 환경에 대한 법규 증가와 자원순환 사회로의 전환은 환경 대응의 포장을 요구하고 있다. 이러한 요구에 따라 환경 대응의 시점에서부터 3R, 다시 말해 Reduce(절약), Reuse(재사용), Recycle(재활용)을 대전제로 한 포장설계가 중요한 요소로 등장하고 있다.
그러므로 포장디자이너에게도 환경 문제는 하나의 해결해야 할 과제인 것이다.

※ 간단한 단답형 문항으로, 포장디자인의 조건을 묻는 문항을 출제하는 것도 좋을 것 같다.

예) 포장디자인을 할 때 고려해야 할 조건을 개조식으로 3가지만 서술하시오.

• 기본답안 : 첫째, 안에 있는 내용물이 무엇인지 잘 알 수 있어야 한다.
둘째, 안에 있는 내용물을 보호할 수 있어야 한다.
셋째, 포장용지는 환경을 해치지 않고 재활용할 수 있어야 한다.

평가요소

- ● "시간, 장소, 환경에 따른 감상 대상의 의미 변화 이해하기"의 필수학습요소 중 공공미술의 조건을 이해하고 공공미술작품을 판단 할 수 있는 능력을 평가요소로 선정한다.

예시문항

11. 다음은 우리나라에 설치된 한 공공미술작품에 대한 글이다.

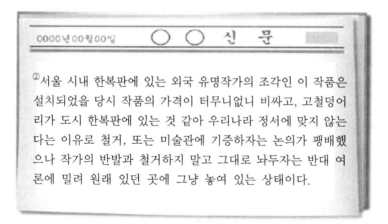

0000년 00월 00일   ○ ○ 신 문

②서울 시내 한복판에 있는 외국 유명작가의 조각인 이 작품은 설치되었을 당시 작품의 가격이 터무니없이 비싸고, 고철덩어리가 도시 한복판에 있는 것 같아 우리나라 정서에 맞지 않는다는 이유로 철거, 또는 미술관에 기증하자는 논의가 팽배했으나 작가의 반발과 철거하지 말고 그대로 놔두자는 반대 여론에 밀려 원래 있던 곳에 그냥 놓여 있는 상태이다.

작품의 철거를 찬성하는 입장에서, 그 이유를 ①'공공미술의 조건'과 관련하여 서술하시오.
(단, 위 글에 이미 제시된 철거 주장 이유를 중복해서 쓰지 않을 것) [5점]

_____

_____

문항 완성도 높이기

① '공공미술의 조건'이라는 제한점을 두어 학생들이 공공미술의 조건을 알고 있는
   지 답안에 쓸 수 있도록 한다.
② 공공미술품을 비판하는 글은 신문이나 인터넷에서 많이 등장하고 있다. 공공미
   술에 대한 글을 신문에서 스크랩해서 올린 것 같이 구성하여 사실감과 학생들의
   흥미를 높이자.

학생 반응사례 및 채점기준

☺ 반응유형 사례

- 공공미술작품이 도시에 있을 경우 많은 사람이 보기 때문에 아름답지 않거나 위험
  한 작품이 있으면 안 된다. 나는 그래서 철거해야 한다고 생각한다.
- 공공미술은 환경과 조화를 이루어야 한다고 생각하는데, 고철덩어리로 만든 이 작
  품은 콘크리트 건물이 많이 있는 도심지에 어울리지 않는다고 생각하여 철거를 지
  지한다.
- 나는 이 작품이 철거되어야 한다고 생각하는데 그 이유는 공공미술작품은 그 지역
  을 상징해 주어야 하지만, 이 작품은 전혀 그 지역을 상징해주기 못하고 있기 때문
  이다.
- 우리나라의 작가 작품들도 좋은 것이 많은데 외국 작가들의 작품을 비싼 가격으로
  사오면 외화도 낭비되고 오히려 국민들의 반감만 사는 꼴이 된다.
- 공공미술은 그 작품이 세워질 지역에 어울리고 장소의 특징에 잘 맞는 작품이어야
  한다. 이 작품은 고철덩어리의 느낌을 주는 작품으로 도시의 아름다움을 오히려
  해칠 수 있음으로 철거되어야 하는 것이 마땅하다.

☺ 채점기준

답안 인정	• 주장의 근거에 공공미술의 조건이 한 가지 이상 들어가 있으며 논리적인 설득력이 있는 경우
답안 불인정	• 철거해야하는 이유에 공공미술의 조건이 전혀 들어가 있지 않은 경우 • 공공미술의 조건과 전혀 상관없는 이유와 글에 나타나지 않은 사실을 주장하여 이유를 서술한 경우

문항		채점내용	소요시간
11	기본답안	• 이 작품은 공공미술의 조건처럼 지역을 조화롭게 해주거나 상징하는 역할을 하지 못하고 있기 때문에 철거되어야 한다고 생각한다.	3분
	인정답안	• 공공미술의 조건을 한 가지 이상 서술하였고, 그에 따른 철거 이유가 타당하다면 답안으로 인정	

❋ 공공미술의 조건

1) 주변 경관과의 조화

2) 지역이나 장소의 특성에 맞는 상징성

3) 구조, 형태의 안전성

❋ 공공미술 비판하기

공공미술은 여러 사람이 있는 곳에 설치되는 미술로, 주변 환경과의 조화를 고려하여 설치되었을 때, 장식적인 측면뿐만 아니라 미의 향유와 공감을 할 수 있다. 최근 외국 유명작가의 작품들이 우리나라 공공장소에 설치되는 경우가 많이 있는데, 높은 작품가격에 비해 설치되는 지역의 특성이나 우리나라 국민들의 정서를 파악하지 못하는 경우가 간혹 있어서 언론이나 작가들의 비판을 받고 있다.

❋ 다음과 같은 질문을 통해 공공미술 바로 알기

• 우리지역 주변의 공공미술은 어떤 작품들이 있나 알아보자.

• 작품을 만든 작가는 누구이며, 그 작가의 다른 작품에는 어떤 것들이 있는지 조사해보자.

• 공공미술작품의 재료는 무엇이며, 작가가 그 재료를 사용한 이유가 무엇이라고 생각하는지 생각해보자.

• 공공미술작품이 주변경관과 어울리는지, 혹은 그렇지 않은지 입장을 정하고 그 이유를 친구들과 토론해 보자.

• 공공미술작품을 규제하는 법규는 없는지 알아보자.

평가요소

- ♨ "시대와 지역에 따른 표현 양식과 미적 가치를 이해하기"의 필수학습요소 중 동서양회화의 특징을 비교하여 설명할 수 있는 능력을 평가요소로 선정한다.

예시문항

12. 그림 (가), (나)는 동서양 자화상의 특징이 잘 나타나있는 작품들이다. 두 작품의 ^①표현 재료와 방법의 차이점을 각각 비교하시오. [6점]

(가) 윤두서   (나) 렘브란트

^②표현재료 : _____

_____

표현방법 : _____

_____

문항 완성도 높이기

① 두 그림의 차이점은 매우 많다. '표현 재료와 방법의 차이점'이라는 제한점을 두어 학생들의 반응폭을 줄인다.
② 표현재료와 방법 쓰는 란을 따로 주면 학생들이 훨씬 쉽게 답안을 작성할 수 있다.

학생 반응사례 및 채점기준

☺ 반응유형 사례

- (가)재료는 먹을 사용했고 (나)재료는 유화물감이다. (가)의 표현은 선을 위주로 자세히 묘사했으며 (나)의 표현은 면을 위주로 자세히 묘사했다.
- 두 그림의 차이를 비교하면, (가)는 먹을 (나)는 유화물감을 사용했다. (가)는 선을 위주로 털 하나까지 자세히 묘사했고, (나)는 빛을 위주로 표현했다.
- (가)는 먹으로 선적 표현, (나)는 유화물감으로 면적 표현
- (가)그림은 전통적인 먹을 이용해 그렸고 (나)그림은 서양화의 대표적인 재료인 유화물감으로 그렸다. (가)그림은 인물의 성격이나 모습이 얼굴에 집중해서 그려졌고, (나)그림은 인물의 얼굴에 명암처리를 강하게 하여 표현했다.
- (가)는 먹을 사용하여 선을 위주로 표현했고 (나)는 유화물감을 사용하여 색과 면을 위주로 한 표현 했다.
  (가)는 대상의 외형적 모습을 자세히 묘사하여 성품까지 생동감 있게 표현했으며 (나)는 뒤 배경을 어둡게 처리하고 얼굴은 빛을 받은 듯 밝게 처리해서 얼굴 쪽으로 시선을 집중시켰다.

☺ 채점기준

답안 인정	• 두 그림의 표현 재료와 방법이 모두 답안에 들어가 있는 경우 • 올바르게 쓴 내용이 들어가 있는 경우 부분 점수를 인정하여 채점
답안 불인정	• 표현 재료와 방법이 비교되지 않고 다른 내용이 비교된 경우

문항		채점내용			소요시간
12	기본답안	• (가)는 먹을 사용했으며 (나)는 유화물감을 사용했다. • (가)는 선을 위주로 자세하게 묘사했으며, (나)는 면적인 표현으로 빛을 강조하여 그렸다.			3분
	인정답안	• 두 그림의 표현 재료와 방법의 차이점을 비교한 내용이 올바르게 들어있으면 정답으로 인정			
	부분답안	※ 한 작품 당 재료와 표현 방법 각각 1.5점씩 부분 점수 인정			
		(가) 그림	재료 비교	1.5점	
			표현 방법 비교	1.5점	
		(나) 그림	재료 비교	1.5점	
			표현 방법 비교	1.5점	

✦ 전통회화의 인물화 바로알기

전통회화에서 인물화는 인물 외형의 사실적 묘사에만 그치지 않고 그 대상 속에 숨어있는 인물의 고매한 인격과 정신까지 나타내야 한다는 전신사조(傳神寫照), 그려지는 인물의 정신 상태와 성격의 특징을 생동감 있게 반영하라는 뜻으로 사혁이 주장한 기운생동(氣韻生動), 인간의 정신은 형상을 통해서 표현되는 것으로 형상이 없으면 정신이 존재할 수 없기 때문에 형상과 정신은 통일체라는 이론의 이형사신(以形寫神), 이 세 가지를 주된 정신으로 하여 외형의 정확한 묘사를 통해 대상의 깊이 있는 정신의 세계를 표현하고자 했다.

✦ 자화상을 많이 남긴 렘브란트

렘브란트는 자신의 자화상을 나이별로 여러 장 그린 화가로 유명하다. 렘브란트의 자화상을 나이별로 감상해 보고, 세월이 지남에 따라 표현 방법에는 어떤 변화가 있는지, 화가의 삶은 어떻게 변해왔는지를 생각해보자.

| 1628년 | 1640년 | 1663년 |

13 [고] 평면 표현

평가요소

😊 "평면 표현의 재료와 용구, 제작 과정 등을 이해하고 표현하기"의 필수학습요
소 중 판화 작품의 구성요소에 대해 설명할 수 있는 능력을 평가요소로 선정
한다.

예시문항

13. 그림과 같이 판화 작품에서 넘버링(numbering)을 할 때, 왼쪽 하단 (가) 부분
에 'A. P'라고 사인했을 때와 '4/20'이라고 사인했을 때의 의미를 각각 쓰시오.

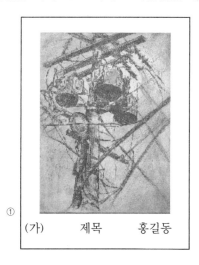

① (가)   제목   홍길동

②(1) A. P : _____ [3점]

  (2) 4/20 : _____ [3점]

문항 완성도 높이기

① 판화작품을 예로 보여주고, 사인 부분의 글자체도 바꿔서 사실감 있게 구성해준다.

② 각각의 의미를 한 가지 독립된 문항으로 채점하고자 할 때, (1), (2)로 나누어 쓸 수 있도록 한다.

학생 반응사례 및 채점기준

❀ 반응유형 사례

(1) • 작가 소장용이다.
- 작가 보관용
- 판을 찍을 때 전체 찍은 수의 10% 안에 드는 판화작품이다.
- 작가가 직접 갖는 작품이며, 전체 판화를 찍은 작품의 10% 내외의 것을 말한다.
- 한 판에서 찍은 작품 중 10% 내외의 작품을 뜻 함
- 전체 작품 중에 5%이내에 드는 작품을 말함

(2) • 판을 20장 찍었을 때, 4번째 작품이라는 뜻이다.
- 20장 중 4번째
- 판의 총 20장 중 4번째 작품
- 4/20번째 작품
- 4번째 작품

❀ 채점기준

답안 인정	• '작가가 한 판으로 찍은 총 판화 수의 10%내외', '작가 개인 보관용' 이라는 의미가 하나라도 있으면 정답으로 인정 • '총 20장 중 4번째' 라는 의미가 들어가면 모두 정답으로 인정
답안 불인정	• '10%' 이외의 비율을 쓴 경우 • '총 20장 중 4번째'라고 쓰지 않고, 그냥 '4번째'작품 '4/20번째' 작품이라고만 쓴 경우

문항		채점내용	소요시간
13-(1)	기본답안	• 전체 찍은 판수의 10% 내외이며 작가가 보관하는 작품이라는 뜻이다.	2분
	인정답안	• 총 찍은 판화 수의 10% 내외 • 작가 개인 보관용 • 둘 중 한 가지 의미가 들어가면 맞은 것으로 인정	
13-(2)	기본답안	• 작가가 동일 판으로 찍은 판화작품의 총 20개 중 4번째 찍은 작품이라는 뜻이다.	2분
	인정답안	• '총 20장 중 4번째' 라는 의미	

※ 판화의 에디션 넘버링(Edition Numbering)바로 알기　　　　　창의력학습 FOCUS

　1) A. P(Artist Proof) 또는 E. P(Epreuve d'artiste) : 작가가 보관하는 작품을 의미 한다. 전체 에디션(정식으로 찍어내는 작품)의 10% 내외이며 그 매수는 에디션 넘버에 포함시키지 않는다. 일반적으로 판매를 목적으로 할 때는 넘버링을 선호하지만 작가 사후에는 별 차이가 없다.

　2) T. P(Trial Proof), S. P(State Proof) : 에디션에 들어가기 전 시험으로 찍어보는 작품.

　3) C. P(Cancellation Proof) : 판을 모두 찍은 후 폐기했음을 의미하는 것으로 판에 X표나 다른 표시를 하여 더 이상 본 판으로 찍어낼 수 없음을 나타낸다.

　4) P. P(Presentation Proof) : 작품 교환, 선물용을 위해 찍은 작품.

　5) 에디션(edition) : 초판, 재판 등의 판(版)을 의미하며 인쇄물을 뜻한다. 미술에서는 한정된 수로 제작되고 전시, 판매되는 작품을 지칭한다. 판화의 경우 대부분 에디션으로 제작 된다. 판화 작품에서 나타내어지는 분수 표기의 넘버링은 3/100 하면 100개 찍은 중에 3번째 작품이란 뜻이다. 대체로 목판화나 전통적인 오목판화(동판화)는 에디션이 일정 한도가 넘으면 원판이 뭉그러져서 에디션 넘버가 클수록 가치가 떨어진다.

※ 문항 이해하기
　이번 문항은 심도 있는 판화 문제로 제작과정의 마지막 단계인 에디션 넘버링을 모를 경우 작품의 가치를 판단하기 어려울 수도 있다. 판화작품을 감상할 때, 학생들을 올바른 감상자로 길러내기 위해 (가)를 보고 판화작품의 가치를 판단할 수 있도록 학교에서 다루어주는 것이 바람직하다. 현재 중·고등학교의 모 교과서에 수록되어 있는 내용이지만 중학교에서는 교과내용이 조금 어려울 수 있음으로 고등학교에서 출제하면 더 좋을 것 같은 문제이다.

평가요소

❧ "비평 관점을 활용하여 비평문 작성하기"의 필수학습요소 중 비평문 작성하기를 평가요소로 선정한다.

예시문항

14. 다음은 펠드만(E. B. Feldman)의 감상비평 단계에 맞추어 작성한 ^①감상 보고서이다. (가)에 알맞은 내용을 ^②<조건>에 맞게 서술하시오. [6점]

감상 보고서		
작품	단계	감상기록
	기술 (설명)	(가) _____ _____ _____
	분석	금강산을 한눈에 내려다볼 수 있도록 원형 구도를 사용하였으며, 화면의 오른쪽과 왼쪽을 구분하여 다양한 준법의 대조를 보인다.
	해석	실학사상에 영향을 받아 중국풍의 관념산수화에서 벗어나 우리나라 산수의 실제의 모습과 특징을 표현하려 하였다.
	평가 (판단)	이 작품의 구도를 통해 작가의 조형적 능력과 그림의 다양한 필법들에서 정선의 격조 높은 작품 세계를 잘 알 수 있었다.

⟨ 조 건 ⟩
• 작품의 작가, 제목, 제작 시대, 재료 등을 포함하여 작성할 것
• 있는 그대로의 사실을 위주로 쓸 것

문항 완성도 높이기

① 학생들이 직접 작성한 것 같은 보고서를 실감나게 제시해 주어야 하며, 다른 단계의 감상기록을 참고할 수 있도록 해서 써야하는 답안내용길이를 짐작할 수 있도록 한다.

② 조건을 두어 펠드만의 감상비평단계를 배우지 않은 학생들이라도 모두 작성할 수 있게 한다.

학생 반응사례 및 채점기준

● 반응유형 사례

- 정선의 작품으로 우리나라 금강산을 그대로 보고 그린 「금강전도」이다. 그림은 조선의 영조시대에 그려졌으며, 먹으로 그린 후 엷게 채색하는 수묵담채 기법을 사용하였다.
- 조선시대 겸재 정선의 「금강전도」이다. 「금강전도」는 수묵담채화의 기법을 사용했으며, 실제경치를 보고 그리는 진경산수화이다. 정선은 심사정, 조영석과 함께 삼재(三齋)로 불렸다.
- 겸재 정선의 「인왕제색도」이며, 수묵담채화로 조선시대에 그려졌다. 정선은 진경산수화의 대가이다.
- 조선시대 진경산수화가인 겸재 정선의 「금강전도」이다. 이 그림은 수묵담채화기법으로 그려졌다.
- 정선의 「인왕재색도」이며 조선 시대 작품이고 먹으로 그렸다.
- 「금강전도」, 정선, 조선시대, 종이와 먹
- 겸재 정선, 「금강전도」, 조선시대, 수묵담채화

● 채점기준

답안 인정	• 작가, 제목, 제작시대, 재료 등을 그대로 묘사하여 쓴 내용이 올바르면 정답으로 인정
답안 불인정	• 작성한 내용 중 틀린 내용이 있는 경우 • 있는 그대로의 사실이 아니라 느낌이나 감상평가가 들어간 경우

문항		채점내용	소요시간
14	기본답안	• 작가는 겸재 정선으로 작품의 제목은 「금강전도」 이다. 조선시대 진경산수화로 금강산의 모습을 먹과 엷은 채색으로 그렸다.	3분
	인정답안	• 느낌이나 생각을 자제하고 있는 사실을 그대로 쓴 내용으로 작가, 제목, 제작시대, 재료 등을 그대로 묘사하여 쓴 글 중 틀린 내용이 없으면 정답으로 인정	
	부분답안	• 작가, 제목, 제작시대, 재료 각 1.5점씩 부분점수 인정	

❋ 금강전도(金剛全圖) 좀 더 깊이 알기　　　　　　　　　

국보 제217호

조선 후기 우리나라의 아름다운 강산을 실제로 보고 그리는 실경산수화풍을 연 겸재 정선(1676~1759)이 영조 10년(1734)에 내금강의 모습을 그린 것이다.

실제 보면서 수묵담채로 그렸으며 크기는 가로 94.5㎝, 세로 130.8㎝이다. 전체적으로 원형구도를 이루고 있고 위에서 아래로 내려다 본 모습이다. 눈 덮인 봉우리들은 위에서 아래로 내려 긋는 수직준법을 이용하여 거칠고 날카로운 모습으로 표현하였고, 이와 함께 위쪽에는 비로봉이 우뚝 솟아 있으며, 화면 중심으로는 만폭동 계곡이 위에서 아래로 가로지르고 있다. 바위로 이루어진 메마른 느낌의 봉우리들과는 대조적으로 왼편에는 무성한 숲을 이룬 부드러운 토산이 놓여 있는데, 이는 붓을 옆으로 눕혀 점을 찍는 방식으로 나타내었다. 화면의 윗부분에는 그림의 제목과 함께 작가의 호, 그림에 대한 감상 등이 적혀 있다.

당시의 산수화는 주로 중국 산수화를 보고 그린 것인데 반해 이 그림은 직접 우리나라의 실경을 보고 그린 것으로 정선이 그린 금강산그림 가운데에서도 가장 크고, 그의 진경산수화풍이 잘 드러난 걸작이라 할 수 있다.

－ 문화재청 사이트 자료 참조 http://www.cha.go.kr/

❋ 펠드만의 미술비평단계

미술작품을 비평하는 비평단계를 제시한 학자들은 브라우디(H. S. Broudy), 앤더슨(T. Anderson) 등 많이 있지만, 현재 사용하고 있는 고등학교 미술교과서 중 3개 이상이 펠드만(E. B. Feldman)의 비평단계를 따르고 있다. 이런 비평단계에 맞추어 작품 감상보고서를 작성하면 좀 더 체계적으로 비평하는 안목을 기를 수 있다.

단계	각 단계에 들어갈 내용
기술 (설명)	눈에 보이는 시각적 특징을 찾아 기술
분석	보이는 소재와 미술 요소들 간의 관계와 화면 구성과 상호 관계를 비교 분석
해석	서술과 분석으로부터 얻은 정보의 도움을 받아 작품의 의미를 확인 해석하는 단계
평가 (판단)	분석을 바탕으로 작품의 질에 대하여 미적 가치를 가지고 판단하는 단계

평가요소

◉ "시대와 지역에 따른 표현 양식과 미적 가치를 이해하기"의 필수학습요소
중 우리나라 미술사의 시대별 특징을 설명할 수 있는 능력을 평가요소로 선
정한다.

예시문항

15. 다음은 철수가 작성한 ①수행평가지이다.

수 행 평 가

우리나라 미술의 특징을 시대별로 올바르게 서술하시오.

1반 1번 김철수

시대	시대별 미술 특징
고구려 시대	규모가 큰 분묘와 내부 벽화를 통해 씩씩하고 활달한 기상을 엿볼 수 있다.
통일신라시대	중국과의 문화 교류를 통해 우아하고 섬세한 나전칠기와 탑이 제작되었으며, 도화원을 중심으로 정교한 채색이 특징인 그림이 유행하였다.
조선시대	유교를 바탕으로 한 소박하고 서민적인 회화, 공예, 건축이 발달하였다. 진경산수화, 풍속화, 민화 등 다양한 화풍이 등장했으며, 실용적인 백자와 나전칠기, 화각 공예 등이 발달하였다.

시대별 미술 특징이 올바르게 작성되지 않은 시대를 찾아 쓰고, 그 시대의
미술 특징을 고쳐 서술하시오. [6점]

문항 완성도 높이기

① 철수가 작성한 수행평가지에서 틀린 문항을 찾아보는 형식으로 '수행평가지'를 좀 더 실감나게 구성해 본다. 또, 답안을 작성하는 시간이 3분임을 잊지 말고 3~4 시대 정도만을 등장시켜 학생들이 문제를 읽는 데 너무 긴 시간을 보내지 않도록 한다.

학생 반응사례 및 채점기준

❂ 반응유형 사례

- 통일신라시대-토속적인 신라의 미술을 바탕으로 불교미술을 발전시켜 불교미술의 황금기를 이루었다.
- 통일신라시대-토우와 같은 토속적인 미술품과 금관·귀걸이·장신구 등의 정교한 금속 공예와 같은 미술품을 많이 남겼다.
- 통일신라시대-온화하고 부드러운 미술이 특징이며, 수준 높은 불교미술로 일본의 불교 미술에 많은 영향을 주었다.
- 통일신라시대-불교미술의 황금기로 석굴암, 불국사, 다보탑, 석가탑이 제작
- 통일신라시대-신라의 토속미술과 백제, 고구려의 미술을 함께 잘 발달시켰으며, 석굴암, 첨성대가 만들어졌고, 금관의 많이 발굴되었다.
- 통일신라시대-불교미술의 황금기
- 고구려시대-용맹스럽고 씩씩한 남성미가 넘치는 미술이 특징이며 고분벽화를 통해 그 시대를 잘 알 수 있다.
- 조선시대-불교와 유교가 조화된 미술들이 발달했다.

❂ 채점기준

답안 인정	• 기본답안 중 시대와 내용을 올바르게 작성한 경우 정답으로 인정
답안 불인정	• 시대와 내용이 모두 올바르지 못한 경우 • 올바른 시대를 고쳐서 작성한 경우 • 시대는 맞추었으나 작성한 내용이 올바르지 못한 경우

문항		채점내용	소요시간
15	기본답안	• 통일신라시대-고유전통문화를 바탕으로 당나라의 문화를 받아들였으며, 불교 정신과 예술이 조화된 작품들이 제작되어 우리나라 역사상 불교 미술의 황금기를 이룩하였다.	3분
	인정답안	• '통일신라시대'와 '불교미술의 발달'이라는 특징을 올바르게 작성한 경우 정답으로 인정	

❖ 간단한 문항 연습하기

시대별로 다양한 작품을 감상하고 이해하기 위해서는 우리나라 미술의 시대별 특징을 아는 것이 매우 중요하다. 다음에 제시된 간단한 서술형 평가문항을 통해 사진과 비교하여 우리나라 시대별 미술의 특징을 파악하는 능력을 더욱 신장시킬 수 있다.

예) 1) 다음 미술품들이 만들어진 시대의 명칭을 쓰고 그 시대미술의 특징을 서술하시오.

2) (가), (나)가 제작된 시대를 쓰고 그 시대 미술의 특징을 각각 서술하시오.

(가) 「석굴암 본존불」　　　(나) 김홍도 「옥순봉」

평가요소

◉ "조형 요소와 원리, 재료와 기법 등을 분석하기"의 필수학습요소 중 조소의
　표현방법 설명하기를 평가요소로 선정한다.

예시문항

16. (가), (나)작품의 차이점을 ①〈조건〉을 모두 포함하여 비교하시오. [6점]

(가) 브란쿠시(C. Brancusi)　　　(나) 로댕(A. Rodin)
「입맞춤」　　　　　　　　　「청동시대」

〈조 건〉
재료, 표현기법, 형태 표현의 특징 측면에서 서술할 것.

②
_____
_____
_____

문항 완성도 높이기

① 차이점을 비교하라고 하면 다양한 측면에서의 차이점을 비교하게 된다. 그렇기 때문에 조건을 두어 제한점을 두는 것이 바람직하다.
② 기본답안의 길이만큼 밑줄을 그어 놓아 학생답안의 양을 통제한다.

학생 반응사례 및 채점기준

❀ 반응유형 사례

• (가)는 돌을 밖에서부터 깎아 들어가는 조각 기법으로 제작되었으며, 인체를 원시 인처럼 표현하고 있고, (나)는 흙으로 만든 후 청동으로 떠내는 소조기법으로 제작 되었으며, 인체를 자세히 표현했다.
• (가)는 인체를 단순하게 표현했고, (나)는 로댕작품으로 사람을 관찰하여 있는 그 대로 만들었다.
• (가)는 소조기법을 사용했고, (나)는 조각기법을 사용했다. 또, (가)는 둘이 마주보 고 있고 (나)는 혼자 서있다.
• (가)는 조각기법을 사용해 돌을 단순하게 깎았고, (나)는 조소기법을 사용해 자세 하게 브론즈로 제작했다.
• (가)는 테라코타로 만든 작품이고, 형태는 추상적이다. (나)는 청동으로 만든 작품 이고, 형태는 자세하다.
• (가)는 조각 (나)는 소조, (가)는 돌 (나)는 브론즈

❀ 채점기준

답안 인정	• 표현 기법, 재료, 형태 표현의 특징 측면을 모두 올바르게 비교 한 경우
답안 불인정	• 형태표현의 특징에서 '사실적 표현'이나 '단순한 표현' 이라는 의미가 부분적으로 들어가 있으나 표현이 애매하여 의미가 정 확하지 않은 경우(예를 들어 '열심히 표현', '직선으로 표현' 등) • 표현 기법, 재료, 형태표현의 특징 측면을 올바르지 않게 비교 한 경우

문항		채점내용	소요시간
16	기본답안	• (가)는 돌이라는 재료를 가지고 조각기법으로 제작했으며, 인체를 단순화해서 표현했다. • (나) 작품은 소조기법으로 표현했으며, 인체 형태를 사실적으로 표현했다.	4분
	인정답안	• (가)는 '돌'과 '조각'을 기재하고, 인체를 단순화해서 표현했다는 의미가 들어간 경우 • (나)는 '브론즈(청동)'와 '소조'를 기재하고, 인체를 보고 사실적으로 표현했다는 의미가 들어간 경우 답안으로 인정	

❋ 도판 이해하기

• 브란쿠시(Constantin Brancusi) 「입맞춤」 1908년 : 브란쿠시는 조각에 추상의 개념을 도입한 최초의 조각가로 사각형 돌덩어리의 원형을 그대로 유지하면서, 입맞춤하는 남녀의 형상을 간결하게 표현했다. 브란쿠시 조각의 특징은 '추상을 지향하는 단순성'으로 정의내릴 수 있다.

• 로댕(Auguste Rodin) 「청동시대」 1887 년경 : 로댕이 전시회에 처음 이 작품을 선보였을 때, 이상화(理想化)된 그리스의 조각과는 달리 실제 사람과 비슷하여, 흙으로 만들어 청동으로 주조한 것이 아니라 직접 모델의 몸을 대고 떠낸 것이라는 논란이 있었을 정도로 사실적인 모습이다.

❋ 조소작품의 시대별 변화유형
조소작품의 경우 시대별, 재료별, 형태별, 표현방법별, 인체표현의 경우 부위별 비교가 모두 가능하다. 두 개 이상의 조소작품을 서로 비교하여 감상하면 재미있는 차이를 알 수 있을 것이다.

미켈란젤로 「피에타」　헨리 무어 「누워있는 여인」　콜더 「나선을 그리는 모빌」　최정화 「플라스틱 파라다이스」

전통적 표현
고전적 재료 추상적 표현
재료의 다양화

평가요소

    "미술가가 지역, 사회, 미술계에 미치는 영향 해석하기"의 필수학습요소 중 팝아트가 현대미술에 끼친 영향을 설명할 수 있는 능력을 평가요소로 선정한다.

예시문항

17. (가), (나)를 제작한 작가들은 현대회화사에서 매우 중요한 위치를 차지하고 있다. 두 작가가 속한 유파와 그 유파가 현대미술에 끼친 영향을 ^①<u>한 가지만</u> 서술하시오. [5점]

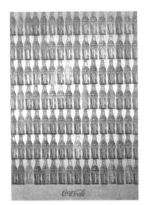 

      (가) 앤디 워홀(Andrew Warhola)   (나) 로이 리히텐슈타인(Roy Lichtenstein)
           「blue coca cola bottle」   「hopeless」

      유파 : _____

      영향 : _____

문항 완성도 높이기

① '한 가지만'이라고 제한하여 다양한 답안을 피하고 학생들이 핵심적인 답안을 적도록 유도한다.

학생 반응사례 및 채점기준

☻ 반응유형 사례

- 팝아트는 대중적인 미술이라는 뜻이다.
- 두 작가는 모두 팝아트에 속한다. 팝아트는 대중적인 이미지를 대량생산하는 방식으로 순수미술의 상업화, 대중화에 영향을 끼쳤다.
- 팝아트는 옵아트에 반하여 생겨난 유파로 대중들이 이해하기 쉽게 친숙한 소재를 작품으로 제작하고 대량생산을 통해 순수미술의 대중화에 기여했다.
- 두 작가가 속한 유파는 팝아트이다. 팝아트는 대중적인 소재와 방법을 사용해 작품을 만들었으며, 순수예술이 대중적인 인기를 누리는 작품이 되도록 노력했다.

☻ 채점기준

답안 인정	• 두 작가가 속한 팝아트의 명칭과 현대미술에서 팝아트의 의의를 올바르게 서술한 경우
답안 불인정	• 팝아트라는 유파의 명칭을 올바르지 않게 적은 경우 • 현대미술에 팝아트가 끼친 영향을 올바르지 않게 서술한 경우

문항		채점내용	소요시간
17	기본답안	• 팝아트는 대중적 이미지를 작품의 소재로 사용하고, 작품의 대량생산을 통해 순수미술을 대중적인 예술로 보급하는데 기여했다.	3분
	인정답안	• '팝아트'라는 유파의 명칭과 순수미술에서 대중적인 미술을 시작했다는 의미가 들어가면 정답으로 인정 • 팝아트는 순수미술과 대중미술의 차이를 허물었다. – 팝아트는 순수예술과 대중예술이라는 이분법적, 위계적 구조를 불식시키고, 산업사회의 현실을 미술 속에 적극적으로 수용하고자 했다. – 팝아트는 미국의 대중적 소비문화를 적극적으로 작품에 도입하여 대중적인 미술의 길을 열었다. – 팝아트는 작품의 대량생산으로 순수미술을 상품 차원으로 끌어내렸다.	

창의력학습 FOCUS

❋ 복제시대의 예술 팝아트

팝아트 작가들이 실크스크린을 사용한 이유는 실크스크린은 일반 그림과 달리 작가가 직접 그림을 그리는 것이 아니기 때문에 익명성을 띄고, 기계적인 생산방식으로 무수히 많은 작품의 복제가 가능하기 때문이다. 그래서 예술작품을 상품의 차원으로 끌어내리고 자신을 이미지 생산자라고 지칭했다. 또, 앤디워홀이 작품에서 똑같은 이미지를 반복하는 이유는 반복된 이미지의 나열로 개성이나 감동을 제거하고 무감각, 냉담한 상태의 인상을 줄 수 있기 때문이다. 그런 냉담한 이미지들은 그 당시 시대상황을 반영하고 무정하고 감동이 없는 세상의 이미지를 보여주며 마치 공장에서 물건이 찍어지듯이 작품이 반복해서 찍어지는 이미지의 공장을 상징한다.

'팝(pop)'이라는 명칭은 'popular'에서 유래했으며, 일상생활에 범람하는 기성의 이미지에서 제재(題材)를 취했던 이 경향의 특징을 압축적으로 표현한 용어이다.

팝아트는 텔레비전이나 매스미디어, 상품광고, 쇼윈도, 고속도로의 빌보드와 거리의 교통 표지판 등 대중적이고 일상적인 것들 뿐 만 아니라 코카콜라, 만화속의 주인공 등 범상하고 흔한 소재들을 미술 속으로 끌어 들임으로써 순수미술과 대중 미술을 구분하는 구조를 불식시키고 산업사회의 현실을 미술 속에 적극적으로 수용하고자 하였다. 그러나 상품 미학에 대한 진정한 비판적 대안의 제시보다 소비문화에 굴복한 것으로도 볼 수 있다.

– 두산백과사전 참조

– 〈세계미술용어사전〉 월간미술엮음, (주)월간미술 참조

❋ 표현 수업에 적용하기

'앤디 워홀展', '로이 리히텐슈타인展', '키스 헤링展' 등 최근까지도 계속 대중들에게 인기를 누리고 있으며, 작품의 가격도 상상을 초월한다. 컴퓨터그래픽으로 '팝아트를 이용한 티셔츠 만들기', '로이 리히텐슈타인 따라잡기' 등을 포함해 표현 수업시간을 구성하면 멋진 현대미술작품어 재탄생될 수 있을 것이다.

서술형 평가 ROAD VIEW 체육·예술영역

초판 인쇄 2011년 1월 10일
초판 발행 2011년 1월 17일

저 자 경홍수 · 서은경 · 정원교 · 신해승 · 이진희
          류세진 · 김경호 · 박성만 · 김순호 · 김주환
펴낸이 박찬익
편 집 지미정 · 이기남 · 김민영 · 최민영
영 업 이승욱 · 박지우 · 박찬일

펴낸곳 도서출판 **박이정**
주 소 서울시 동대문구 용두동 129-162
전 화 02)922-1192~3
전 송 02)928-4683
홈페이지 www.pjbook.com
이메일 pijbook@naver.com
온라인 국민 729-21-0137-159
등 록 1991년 3월 12일 제1-1182호

ISBN 978-89-6292-146-5 (전7권)
          978-89-6292-152-6 (94370)

* 책값은 뒤표지에 있습니다.